C=O
NH2
CH3-CH2-CH2-CH3
CH3-COOH
NO2
Al(OH)3 → Al2O3 + 3H2O
HN
N
O
CN
CH3C=O
NH2

C=O
NH2
CH3-CH2-CH2-CH3
NO2
CH3-COO
2Al(OH)3 → Al2O3 + 3H2O
HN
N
R1
R2
CN
CN
CH3C=O
NH2

꽃씨와 무서운 공해

대한과학진흥회 엮음

스완미디어
SWAN MEDIA

책 머리에

오늘날 우리들은 고도로 발달된 과학 문명의 혜택 속에 살고 있습니다.

우리의 선진 조국 창조를 위해 무엇보다 중요한 것이 과학기술의 개발입니다. 특히 자원이 부족한 우리나라에서 가꾸어야 할 유일한 자원은 과학 기술로 무장한 풍부한 인력 자원입니다.

대한 과학 진흥회에서는 배우는 학생들을 위해 사물을 깊이 관찰하는 습관과 합리적이고 창의적인 과학적 사고를 심어 주기 위한 방법의 하나로 과학 문고를 엮어 내고 있습니다.

과학 문고를 펴냄에 있어서 딱딱한 과학지식을 그림을 곁들여 쉽고 재미있게 이야기로 풀어 써서 학생들이 스스로 원리를 발견하고 재미를 느끼게 함으로써 과학의 여러 분야에 대하여 흥미를 갖고 접근할 수 있도록 하였습니다.

이 책과 더불어 많은 학생들이 과학에 깊은 관심을 갖고 탐구심과 창의력을 기르며 과학을 생활화 할 줄 아는 사람이 되는데 많은 도움이 되었으면 하고 바라는 마음 간절합니다.

기획편찬 **대한과학진흥회**

차례

새학년 새반_ 10

호랑이 선생님_ 24

짝꿍은 누가 될까?_ 36

선생님이 주신 꽃씨_ 54

자연숙제_ 74

쓰러진 아버지_ 96

수철이의 제비꽃_ 116

화해_ 126

새학년 새반

성민이는 일찍 서둘러 집을 나섰습니다. 오늘이 일주일 동안의 봄방학을 끝내고 새학년 새반 새 교실로 들어가는 첫날이기 때문입니다. 성민이는 가슴이 설레었습니다.

'어떤 선생님일까?'

'1학년 때는 남자 선생님이었으니까, 이번에는 예쁜 여자 선생님이었으면 좋겠다.'

성민이는 '1학년 때 옆반 선생님이었던 이은주 선생님이 생각났습니다. 키도 크고 날씬했는데 무엇보다 머리카락이 무척 길어서 걸어다닐 때마다 긴 머리가 살랑살랑 흔들리는 선생님의 모습을 보기만 해도 즐거웠습니다.

'이은주 선생님이 이번에는 우리 반 선생님이 되었으면

좋겠다.'

성민이는 활짝 웃는 이은주 선생님의 얼굴을 떠올리며 자신도 모르게 빙그르 미소를 지었습니다.

이은주 선생님은 옆반 아이였던 성민이를 무척 귀여워해 주셨던 것입니다. 성민이가 복도를 지나가며 인사할 때 선생님은 성민이의 볼을 살짝 꼬집으며 아는 척을 해주시기도 했습니다.

성민이는 걷다가 땅에 떨어져 있는 빈 요구르트 병을 발로 굴리며 학교로 갔습니다. 요구르트 병은 성민이의 마음을 나타내기라도 하듯이 통통 튕기며 잘 굴러갔습니다.

3월 초순이었지만 꽃샘바람이 가시지 않아 맵고 차가운 바람은 성민이의 볼을 붉으스름하게 만들었습니다.

성민이네 집은 00공장 지역이었습니다. 그래서 회색벽으로 만들어진 공장을 여기저기서 볼 수 있습니다. 찬 바람이 그 공장 건물을 스쳐갑니다. 성민이는 그 공장들의 모습이 더 춥고 썰렁하게 느껴졌습니다.

성민이는 학교로 가면서 한쪽으로는 새 선생님과 새로운 친구들을 만난다는 것이 설레이고 두근거렸지만 한쪽으로는 아빠 때문에 우울했습니다.

아빠는 어제부터 섬유공장에 나가지 못하고 누워계시기 때문입니다. 오래전부터 약을 드시기는 했지만 입버릇처럼 가슴이 답답하다고 하셨습니다.

전자부품 공장에 나가시는 엄마는 오늘 일찍 퇴근해서 병원에 같이 가보자고 아빠에게 말하는 것을 성민이는 얼핏 듣고 집에서 나왔던 것입니다.

성민이는 아빠가 가슴이 답답하고 어딘가 맺힌 것처럼 콕콕 쑤셔오듯이 아프다는 말을 들을 때마다 몹시 속상하고 슬펐습니다.

성민이는 아빠를 무척 사랑했습니다. 아빠는 어렸을 때부터 같이 놀아주고 목욕탕에도 항상 같이 다니며 성민이

의 등을 밀어주고 깨끗이 씻어주셨습니다.

그리고 그때마다 아버지는 '우리 성민이가 많이 컸구나!' 하시며 어깨를 토닥거리며 싱글벙글 웃으셨습니다.

성민이는 얼굴색이 검은 아버지의 얼굴을 그려보다가 머리를 강하게 도리질했습니다.

'금방 나오실 거야.'

성민이는 학교를 향해 힘껏 뛰기 시작했습니다.

아이들이 둘, 셋 짝을 지어 교문 안으로 들어가고 있었습니다.

노란 개나리가 학교 양 끝에 줄지어 피어나고 있었습니다. 아직까지는 봉오리 진 것이 많이 있지만, 머지않아 노란 개나리가 노란 물감을 잔뜩 발라놓은 것처럼 학교 곳곳에 그득히 피어날 것입니다.

"성민아!"

누가 뒤에서 성민이를 부르는 소리가 났습니다. 성민이는 개나리를 보면서 학교 길을 걷다가 누군가 뒤에서 부르는 소리에 뒤를 돌아보았습니다. 1학년 때 부반장이었던 혜림이었습니다.

혜림이는 머리를 두쪽으로 따서 알사탕 모양의 끈으로 묶었는데 그 모습이 무척 예뻤습니다. 혜림이는 성민이에게 뛰어오면서 반갑게 웃었습니다.

"성민아, 잘 지냈니?"

"응."

성민이는 약간 고개를 숙이고 대답했습니다. 원래 성민이는 말이 없고 조용한 아이였습니다. 더구나 여자 앞에서 무슨 말을 하려고 하면 괜히 부끄럽고 떨리기조차 했습니다.

혜림이는 약간 부끄러움을 타고 있는 성민이의 심정을 아는지 모르는지 많은 질문을 하기 시작했습니다.

"성민아, 너 몇 반이니?"

"응, 2학년 3반."

성민이는 대답을 하고 혜림이와 같이 운동장을 가로질러 가기 시작했습니다.

"성민아, 너 봄방학 때 뭐하고 지냈어?"

혜림이가 묻자 성민이는 할 말이 떠오르지 않았습니다. 집에서 방학 숙제를 하고 엄마를 도와 집안 일을 했었기 때문입니다.

"응, 그냥 집에서 숙제 했어, 폐품으로 집 모형 만들기 숙

제가 있었잖아. 신문지랑, 우유곽이랑, 빈 깡통으로 지붕도 만들고 창문도 만들었어."

성민이는 어느 새 신이 나서 혜림이에게 씩씩하게 말을 했습니다.

"응, 정말이야? 나는 잘 되지 않더라. 그거 지금 보여줄 수 있어?"

듣고 있던 혜림이는 부러움이 가득 담긴 눈빛으로 성민이를 쳐다보았습니다.

성민이는 책가방 안에다 잘 넣어둔 집 모형을 다시 꺼내어 보여주기가 어렵다고 생각했습니다.

성민이는 머릿속으로 무엇인가 생각하다가 혜림이에게 말을 건네었습니다.

"혜림아, 지금 책가방에서 꺼내면 망가질지도 몰라. 우리 반 맨 뒤에다 진열할 거거든. 나중에 우리 반에 와서 구경해라. 내 이름을 써붙인 것을 보면 알잖아. 너는 몇반이지?"

혜림이도 성민이의 말을 듣고 기뻐했습니다. 성민이 뿐만이 아니라 여러 아이들이 폐품으로 만든 집을 볼 수 있기 때문입니다.

그러나 성민이가 여지껏 자기가 몇 반인줄도 모르고 있

었다는 것이 조금은 섭섭했습니다.

혜림이는 성민이가 3반이 된 줄을 벌써 알았지만 일부러 물어보았던 것입니다.

혜림이는 조금 쌀쌀하게 대답했습니다.

"응, 5반이야."

성민이는 혜림이가 쌀쌀하게 대답하자 좀 멋쩍어졌습니다. 무엇때문에 혜림이가 토라졌는지 이유를 몰랐던 것입니다.

혜림이하고는 1학년 때 학급 임원을 같이 맡았기 때문에 친구가 많지 않았던 성민이에게는 다른 아이들보다 친하게

지낼 수 있었습니다.

그러나 말이 많지 않았던 성민이에게 혜림이는 먼저 이야기를 꺼내곤 했었습니다.

성민이는 그렇게 대해준 혜림이를 고맙게 느꼈지만 막상 2학년에서 헤어질 때 서운하다는 표시를 제대로 할 수가 없었습니다.

혜림이는 예쁘게 그림을 그려 크리스마스 카드까지 보내왔는데 말입니다.

이윽고 성민이와 혜림이는 실내화로 갈아 신고 2학년 복도로 걸어 들어갔습니다. 혜림이는 손을 들어 먼저 인사를 하고 2학년 5반 교실로 들어갔습니다.

"안녕! 성민아!"

"으응."

성민이도 손을 들어서 인사를 했습니다. 성민이도 2학년 3반 팻말이 붙어 있는 교실로 들어갔습니다. 아이들이 모여서 떠들고 있어서 교실 안은 웅성웅성하는 소리로 가득 찼습니다. 1학년 같은 반이었던 5, 6명의 아이들의 얼굴도 보였습니다. 아직 자리가 정해지지 않아서 성민이는 교실 맨 가장자리에 있는 빈 자리에 가서 앉았습니다.

호랑이 선생님

"어 안녕! 성민아!"

개구쟁이로 소문난 수철이가 교실문을 활짝 열어제치고 들어오면서 성민이에게 아는 척을 하며 인사했습니다.

성민이는 수철이의 짓궂은 표정을 보며 '아' 하고 짧게 소리를 내었습니다.

수철이는 1학년 내내 짝꿍을 했던 아이였습니다. 수철이는 반에서도 가장 잘 사는 집에 외아들이었습니다. 아버지는 양지병원의 원장이었습니다. 내과의 전문의사이기도 합니다.

그래서 그런지는 몰라도 수철이는 비싼 학용품만 가지고 다녔고 오래 쓰는 법도 없었습니다. 지우개만 해도 조금 쓰다가 바꾸기 일쑤였습니다. 새로운 학용품을 사가지고 올 때마다 아이들에게 학용품을 내놓으며 자랑하기를 좋아했습니다.

성민이는 그렇게 행동하는 수철이가 싫었습니다. 수업시간에 받아쓰기 할 때도 성민이 답을 보고 쓰려고 곁눈질을 해서 성민이는 선생님한테 들킬까봐 오히려 자신이 식은땀이 나곤 했던 것입니다.

뿐만 아니라 수철이는 수업시간에 선생님의 눈을 피해가며 딴짓하기가 일쑤였습니다. 책상 서랍에 딱지를 감춰놓고 딱지를 몇 개나 땄는지 세고 있기도 하고, 만화책을 슬금 슬금 펴보고 있기도 했습니다. 그러니까 공부를 잘할 리가 없었습니다. 영어 학원, 피아노 학원, 태권도 학원 등 몇 개의 학원이나 다닌다고 하지만 받아쓰기를 할 때 보면 쉬운 맞춤법도 서너 개씩 틀리곤 했습니다.

수철이는 쉬는 시간이나 수업이 끝나는 시간이 되면 교실 안을 이리저리 돌아다니면서 아이들과 장난을 치거나 여자 아이들을 골탕먹이기도 했습니다. 어떤 여자 아이들은 수철이와 복도에서 마주칠 때면 아예 도망부터 가려고 했습니다.

'수철이와 또 한 반이 되다니'

성민이는 수철이와 얼굴을 맞닥뜨리는 순간부터 들뜨던 마음이 금세 사라졌습니다. 오히려 수철이와 또다시 일년을 같은 반에서 지낼 생각을 하니까 걱정이 되었습니다. 수철이는 성민이에게 다가오면서 싱글거리며 웃었습니다.

"잘 지냈니? 순둥아?"

성민이의 별명은 사내 아이가 너무 조용하고 순하다고 해서 1학년 때 선생님이 지어주신 별명이었습니다. 성민이

는 자기에게 붙은 별명이 남자답지 못한 것 같아서 썩 마음에 들지 않았지만 선생님과 1학년 때 반 아이들 대부분이 자신의 이름보다도 순둥이라고 별명을 불러서 어느 새 익숙해 있었습니다.

그러나 수철이가 '순둥이' 라고 불렀을 때 성민이는 몹시 기분이 나빴습니다. 마치 자신을 강아지 부르듯이 부르는 것처럼 들렸기 때문입니다.

수철이는 성민이의 앞자리에 털썩 소리가 나도록 앉았습니다.

성민이는 아무런 대꾸도 하지 않고 책상 위만 바라보았습니다.

"야, 순둥아. 지난 방학 동안 입이 붙어버렸냐?"

수철이는 말은 못하고 얼굴만 붉어진 성민이를 더욱 비꼬아댔습니다.

성민이와 수철이와 주위에 있던 아이들이 성민이를 향해 이상한 눈길로 쳐다보았습니다. 이 때 문이 드르륵 열리고 선생님이 들어오셨습니다.

선생님은 나이 드신 여자 선생님이었습니다. 2학년 3반 전체 아이들은 실망하는 기색이었습니다.

아이들은 저마다 예쁜 여 선생님이나 멋있는 남자 선생님을 상상했을 테니까요. 그런데 머리가 희끗희끗하고 뚱뚱한 여 선생님이 두꺼운 돋보기 안경까지 쓰고 들어왔으니 아이들이 실망하는 것은 당연했습니다.

아이들은 고개를 숙이고 있거나, 아니면 옆에 있는 아이에게 소곤거렸습니다. 여 선생님은 화가 나셨는지 손바닥으로 탁자를 탁 치고 소리를 버럭 질렀습니다.

“조용히 해요!”

교실은 갑자기 조용해졌습니다.

선생님은 근엄한 표정을 지으시고 말씀을 계속 했습니다.

"이제 2학년이 됐으니까. 더 의젓해져야지! 선생님이 들어왔는데도 떠드는 것은 어디서 배운 거야. 1학년 때 다들 그렇게 배웠니?"

반 아이들은 숨소리조차 죽여가며 선생님의 말씀을 듣고 있었습니다. 선생님은 아이들이 조용해지자 칠판에다 선생님의 성함을 크게 썼습니다.

"맹순자."

아이들은 등을 돌리고 있는 선생님의 뒷모습을 보며 조그맣게 키득키득 웃어댔습니다. 선생님의 이름이 너무 촌스럽다고 느꼈기 때문입니다. 더구나 성이 '맹' 씨라니까 더욱 우스웠습니다.

'맹 선생님?'

아이들은 웃음을 참느라고 애를 썼지만 잘 되지 않았습니다. 선생님은 그 웃음소리를 들었는지 등을 돌리며 더욱 크게 소리 질렀습니다.

"왜들 그래. 뭐가 그렇게 우스워!"

아이들은 다시 입을 꾹 다물었습니다.

"오늘부터 내가 일년 동안 2학년 3반을 맡을 담임선생님이다! 나는 올해로써 20년째 교사 생활을 해왔다."

선생님은 근엄한 표정을 바꾸지 않고 계속 말씀을 이어 나갔습니다.

아이들은 호랑이 같은 선생님에게 일년 동안 꼼짝없이 잡혀 있어야 할 것 같습니다.

그런 마음은 성민이도 마찬가지였습니다. 이은주 선생님처럼 예쁘지는 않더라도 이렇게 무서운 할머니 여 선생님을 만나게 되리라고는 꿈에도 생각지 못했던 것입니다.

선생님은 반 아이들 전체를 차근차근 훑어보더니 말씀을 하셨습니다.

"그럼 오늘은 첫 날이니까 숙제 검사를 한다. 봄방학 숙제로 폐품을 이용해 여러 가지 만들어 오기로 했지? 그것들을 꺼내서 책상 위에 올려 놓는다. 그 다음에 복도에 나가서 키대로 줄을 선다. 키 순으로 자리를 앉아야 하니까."

아이들은 가방을 열고 폐품으로 만든 것을 책상 위에 제각기 올려놓았습니다.

성민이처럼 폐품을 모아 집과 여러 가지 장식품을 만든 것도 있었고, 어떤 아이는 쓰다 만 일학년 때의 헌 공책을 모아 연습장을 만들어 오기도 했다. 어떤 아이는 신문지로

물건을 담을 수 있는 바구니를 만들어 왔습니다.

선생님은 신문지로 바구니를 만들어 온 여자 아이에게 물어 보았습니다.

"넌 어떻게 신문지로 바구니를 만들어 올 생각을 했지?"

여자 아이는 또박또박 대답을 했습니다.

"우리 엄마가요, 비닐 봉투를 많이 쓰면 안된다고 하셨거든요. 비닐 봉투는 땅에 들어가면 몇백년 동안 썩지 않는대요. 그것은 땅이 숨쉬기를 어렵게 만든대요. 땅이 숨을 쉬

지 못하면요, 농부 아저씨가 살아가는 데도 큰 피해를 입게 된다고 하셨어요. 그래서요, 되도록이면 종이로 만든 봉투를 써야 한다고 엄마가 말씀하셨어요."

근엄한 표정을 계속 짓고 계셨던 선생님은 그 여자 아이의 말을 들으면서 그 여자 아이에게 다가가 아까와는 다르게 다정하게 물으셨습니다.

"그럼, 이 신문지 봉투는 누가 만들었니?"

여자 아이의 이름은 수정이었습니다. 수정이의 눈은 아름답게 빛나는 수정처럼 눈에 반짝반짝 빛을 내며 또랑

또랑한 목소리를 내었습니다.

"엄마하고요. 저하고요. 둘이서 만들었어요."

선생님은 수정이의 머리를 쓰다듬어 주시면서 잘했다고 칭찬해 주셨습니다. 그리고나서 교실을 한 바퀴 빙 돌아다니면서 책상 위에 놓인 여러 가지 폐품 활용품들을 보셨습니다. 선생님은 다시 교단 위로 올라가셔서 아이들을 향해 나직이 말씀하셨습니다.

"여러분. 모두 폐품을 활용해서 잘 만들어 왔어요. 선생님이 더욱 기쁜 것은 쓸모없는 폐품을 쓸모 있는 것으로 만들어 온 것을 보았기 때문이에요. 여러분. 폐품은 쓸모없는 것이라는 생각을 버려야 해요. 여러분들이 매일 먹는 우유곽도 많이 모아서 공장에 갖다 주면 우리 생활에 꼭 필요한 휴지가 되어서 나옵니다. 뿐만 아니라 쓰레기를 한꺼번에 태우면 형광등처럼 빛과 열을 내는 전기를 일으키는 힘이 되기도 해요. 그러니까 집에서 엄마들이 쓰레기 분리수거를 할 때 여러분들이 엄마를 꼭 도와주는 착한 어린이가 되도록 하세요. 여러분들이 나라와 이웃을 사랑하는 방법이 되기도 하는 거예요. 자, 그럼 복도로 나가서 키대로 줄을 스세요."

짝꿍은 누가 될까?

선생님의 말이 떨어지자마자 아이들은 우르르 복도를 향해 뛰어 나갔습니다. 어떤 아이는 먼저 복도로 뛰어나갈려고 뛰다가 책상에 넘어지기도 했습니다.

"조심해. 왜 이렇게 법석이야."

선생님은 아이들이 망아지처럼 날뛰자 정신을 못 차리겠다는 듯이 고개를 흔드셨습니다.

아이들은 서로 앞자리에 앉지 않으려고 억지로 까치발을 했습니다. 서로가 몸을 뒤로 밀쳐냈습니다.

"네가 나보다 키가 작잖아, 근데 왜 내 뒤로 서는 거야. 짜아식!"

코 밑에 까만 점이 있는 덩치 큰 아이가 파란색 옷을 입은 키가 한뼘이나 작은 아이에게 소리쳤습니다.

"아니야, 내가 더 커."

누가 보아도 작은데도 파란색 옷을 입은 아이는 한사코 자신이 키가 크다고 우겼습니다. 성민이는 중간자리에 가서 줄을 섰습니다. 성민이는 다른 아이보다 특별히 덩치가 크지도 작지도 않은 키였습니다.

'아뿔사!'

성민이는 속으로 안타깝게 외쳤습니다. 수철이가 바로 자기 뒤에 서 있었던 것입니다. 수철이의 키와 비슷해서 일학년 때도 일년이나 짝꿍을 계속 했던 것입니다.

'설마, 이번에도 짝꿍이 되지는 않겠지!'

성민이 뒤에 선 수철이는 옆에 있는 아이와 한참 동안 새로 나온 컴퓨터 게임기에 대해 떠들고 있었습니다.

이윽고 선생님이 복도로 나오셨습니다. 선생님은 두어 번 헛기침을 하셨습니다.

"줄을 제대로 서야지. 이 녀석들 키가 들쭉날쭉이잖아. 다시 줄을 서도록!"

선생님은 약간 화가 나신 모양입니다. 아이들 사이로 돌아다니시면서 키가 작은 아이들을 앞줄로 내보내셨습니다. 물론 파란색 옷을 입은 아이도 선생님의 넙적하고 두툼한 손에 잡혀 끌려 나왔습니다.

성민이는 가슴이 팔딱팔딱 뛰기 시작했습니다. 선생님께서 앞줄부터 시작해서 아이들의 번호를 차례대로 매겨오고 있었기 때문입니다.

"1번, 2번, 3번, ……7번, ……8번…"

성민이는 일학년 때 15번이었습니다. 그러니까 수철이는 16번이었던 것입니다.

선생님은 번호를 매기며 성민이가 서 있는 중간 줄로 걸어오고 계셨습니다.

드디어 선생님은 성민이의 머리를 쓰다듬으며 17번이라고 말했습니다. 뒤에 있는 수철이는 18번이라고 말씀하시

고 뒷줄로 걸어가셨습니다.

성민이는 가슴이 답답했습니다. 교실에 들어가서 번호 순대로 의자에 앉게 되면 알겠지만 16번 아니면 18번인 수철이와 또다시 짝꿍이 될지도 모릅니다.

'아, 하나님, 수철이와 짝꿍이 되지 않게 해주세요.'

성민이는 하나님께 이런 부탁까지 드리고 싶지는 않았습니다.

그러나 일년을 또 수철이와 보낸다는 것은 생각하기도 끔찍한 일이었습니다.

선생님은 아이들에게 번호대로 교실에 들어가 앉으라고 말씀하셨습니다.

어떤 아이는 입을 크게 벌리고 웃으며 신나게 교실안으로 들어가 의자에 앉는가 하면 어떤 아이는 시큰둥한 표정으로 들어가 의자에 털썩 주저앉았습니다. 짝꿍이 된 아이가 마음에 들지 않았기 때문입니다.

성민이는 겨울에 난로가 있었던 자리 뒤에 앉았습니다.

성민이는 복도쪽을 바라보지 않으려고 해도 눈길이 저절로 복도쪽으로 갔습니다.

'앗!'

수철이가 교실 안으로 성민이의 옆자리를 향해 타박타박 들어오고 있었습니다.

성민이는 얼굴이 빨갛게 달아올랐습니다. 당장이라도 선생님에게 수철이와 짝을 하지 않겠다고 소리지르고 싶었습니다.

성민이는 자신이 말도 제대로 하지 못하는 용기 없는 아이 같아서 더욱 자신이 싫어지기도 했습니다.

그러나 수철이는 성민이의 짝꿍이 되는 것이 조금도 싫지 않았습니다. 오히려 수철이는 기분이 좋았습니다.

성민이가 짝꿍이 되면 일학년 때처럼 받아쓰기 할 때 성민이의 공책을 쉽게 볼 수 있고 어려운 산수 문제도 풀어달라고 할 수 있기 때문입니다. 뿐만 아니라 성민이는 자기가 무슨 말을 하든 말도 못하고 얼굴만 푹 숙이고 있어서 장난을 치기에도 좋았습니다.

더구나 성민이는 착하기도 하고 반에서 일등만 해서 선생님의 귀여움을 많이 받는 아이인데 자기 말에 꼼짝도 못 한다는 것이 얼마나 신나고 재미있는 일이겠습니까?

수철이는 성민이의 옆자리에 앉아서 키득거리며 혼자 웃었습니다.

선생님은 교단에 다시 서서 교실을 쭉 훑어보고는 빙그레 웃음을 지으셨습니다.

그리고 이마 아래로 흘러내린 머리카락을 쓸어 올리며 말씀하셨습니다.

“자, 오늘은 첫날이니까, 자기 자리만 확인하고 집으로 돌아가도록 하세요. 그리고 내일은 시간표 대로 책과 공책을 가져오는 것을 잊지 말도록 하세요. 아, 참 그리고 만들어온 폐품 활용품들은 뒤에다 진열해 놓고 여러 친구들이 만들어 온 것을 구경하도록 해요.”

선생님은 말씀을 다 하신 듯 옷매무새를 가다듬고 구령을 붙이셨습니다.

“차렷!”

아이들은 일시에 동작을 멈추고 선생님을 향해 바른 자세로 앉았습니다.

“경례!”

선생님께서 다시 구령을 붙이자 아이들은 일학년 때 배운대로 외치며 꾸벅 고개를 숙였습니다.

“선생님 감사합니다!”

선생님은 흐뭇하게 웃으시며 교실 밖으로 나갔습니다.

선생님이 나가시자마자 교실 안은 아이들의 소리로 다시 시장바닥처럼 떠들썩해졌습니다.

어떤 아이들은 책상에 올라가 뛰기도 하고 어떤 아이는

몇몇의 아이들과 더불어 교실 안에서 말뚝 박기를 하기도 했습니다.

성민이는 선생님의 말씀대로 폐품으로 만든 집 모형을 교실 맨 뒤에다 갖다 두고 교실 밖으로 나갔습니다.

한 달이 지났습니다. 성민이는 2학년 학교 생활에 어느 정도 적응이 되어가고 있었습니다. 수철이만 아니면 2학년 학교 생활이 더 즐거울 것 같다고 성민이는 생각했습니다.

수철이는 일학년 때의 개구쟁이 짓을 그만두기는커녕 장난이 더욱 심해져갔습니다.

공부하고 있는 성민이를 툭하면 건드리고 도망가기 일쑤였습니다. 아마도 수철이는 공부만 하고 있는 성민이가 얄미웠나 봅니다. 어쩌면 성민이와 정말 친해지고 싶었는데 성민이가 상대해 주지 않으니까 오히려 더 심술을 부리는지도 모릅니다.

국어시간이었습니다.

처음에 무섭게 본 것과는 다르게 맹 선생님은 아주 자상하고 인자한 분이셨습니다.

아이들이 잘못할 때면 호랑이처럼 무섭게 호통을 치시지만 보통 때는 아이들을 무척 귀여워해 주셨습니다.

특히 말씀을 하실 때 아이들의 볼과 머리를 쓰다듬어 주시곤 했습니다. 공부 시간 틈틈이 옛날 이야기나 다른 나라 이야기도 들려 주십니다.

아이들은 선생님의 가슴속에 이야기 보따리가 숨겨져 있다고 믿었습니다.

"국어시간이지요. 받아쓰기를 하겠어요."

선생님은 콧등으로 안경을 약간 밀어올리고 아이들을 향해 말했습니다. 아이들은 느리게 책상 서랍에서 받아쓰기 공책을 폈습니다. 선생님은 큰 목소리로 말했습니다.

"받아쓰기 1번. 꽃을 꺾었습니다."

성민이는 연필심을 꾹꾹 눌러서 공책에다 크고 바르게 글씨를 썼습니다. 수철이가 쓴 것을 언뜻 보고 성민이는 웃음이 나올려고 했습니다.

'꼬층 꺽거습니다.'

성민이는 일부러 얼굴을 약간 돌렸습니다. 그런데 그 사이 수철이가 선생님 몰래 자기의 받아쓰기 노트를 훔쳐보고 있었습니다.

성민이는 자신이 오히려 가슴이 졸여서 진땀이 났습니

다.

받아쓰기 시간이 끝나고 쉬는 시간이 되었습니다. 성민이는 무슨 결심이라도 단단히 한 듯 밖으로 나가려는 수철이를 불렀습니다.

“야, 수철아, 너 정말 계속 내 받아쓰기 훔쳐볼거야? 계속 이러면 선생님한테 일러 버린다.”

성민이는 약간 목소리가 떨렸습니다.

수철이는 오히려 성민이보다 더 크게 소리를 질렀습니다.

“그래, 일러 봐, 우리 엄마가 너 가만 두지 않을 거다.”

성민이는 할 말을 잃었습니다. 물론 선생님한테 이른다는 말은 수철이를 그냥 겁주려고 해 본 소리지만 수철이네 엄마까지 학교에 왔다 간다면 문제는 생각보다 훨씬 커질 수 있기 때문입니다. 왜냐하면 수철이는 마음만 먹는다면 거짓말도 지어낼 수 있는 아이라는 것을 알기 때문입니다.

수철이는 성민이에게 자신만만하게 웃어보이고 교실 밖으로 나갔습니다.

성민이는 '어떻게 하면 수철이의 나쁜 버릇을 고쳐줄 수 있을까?' 궁리를 해보았지만 생각이 잘 나지 않았습니다.

그러나 언젠가는 한 번 수철이를 꼭 혼내주리라고 결심을 했습니다.

'딩 동 댕 동'

다음 시간을 알리는 종소리가 울렸습니다.

성민이는 책상 서랍에서 자연책과 공책을 올려놓았습니다.

수철이는 어디를 갔다 왔는지 헐레벌떡 교실로 뛰어 들어왔습니다.

봄에 피는 꽃

개나리는 물푸레나무과 식물로, 노란 꽃을 피우는 갈잎 떨기나무이다. 한반도에서 흔한 특산종이다. 함경도를 제외한 전국, 집 가까이에서 흔히 볼 수 있으며, 울타리나 길 옆에 무더기로 심기도 하고, 한두 그루씩 심기도 한다. 양지 바른 산기슭에서 자생하기도 한다. 줄기는 여러 대가 모여 나며 가지가 많이 갈라져 빽빽하게 자란다. 줄기 속은 비어 있다. 암수딴그루로 이른 봄에 잎보다 먼저 꽃이 피고 잎겨드랑이에 노란색 꽃이 1~3개씩 달린다. 잎은 마주나고 긴 타원형으로 끝이 뾰족하며 윗부분에 톱니가 있거나 밋밋하다. 앞뒤 모두 털이 없고 앞면은 윤기가 나고 뒷면은 흰빛이 돈다.

매화는 양기(陽氣)를 상징하는 봄을 대표하는 꽃으로서 귀하게 여겨왔다. 매화의 꽃받침조각은 5개로서 둥근형이며 붉고, 꽃잎은 5장이며 끝이 둥글고 수술이 많다. 열매는 핵과이며 노란색으로 익고 짧은 털로 덮여 있다.

제비꽃은 오랑캐들이 식량이 떨어져 쳐들어올 때에 피던 꽃이라 오랑캐꽃, 꽃 두 개를 겹치면 씨름하는 모습이 된다고 하여 씨름꽃, 키가 작다고 하여 앉은뱅이꽃 또 꽃반지를 만드는 재료로 이용되어 반지꽃이라고도 불린다. 꽃은 4 5월에 잎 사이에서 꽃줄기가 자라서 끝에 1개씩 옆을 향하여 달린다.

목련은 나무에 피는 연꽃 같다 하여 목련이라고 한다. 목련은 세계적으로 널리 분포하는 낙엽교목으로 크고 아름다운 흰색꽃이 핀다. 꽃눈이 붓을 닮아서 목필(木筆)이라고도 하고, 꽃봉오리가 피려고 할 때 끝이 북녘을 향한다고 해서 북향화라고 한다. 꽃은 4월 중순부터 잎이 나기 전에 핀다. 꽃잎은 백색이고 향기가 있다.

할미꽃은 할머니 등처럼 굽은 꽃줄기에 꽃이 고개를 숙여 피고, 열매의 길고 흰 털이 할머니의 하얀 머리카락 같다 하여 붙은 이름이다. 산과 들판의 양지쪽에서 자라며 꽃잎은 없고 꽃받침이 붉은 자주색이며 수술과 암술이 많다.

진달래는 참꽃 또는 두견화라고도 한다. 진달래는 단맛이 있어 먹을 수 있는 꽃이라 하여 참꽃이라고 하는 데 비해 철쭉은 먹지 못한다 하여 개꽃이라고 하며, 꽃색이 연분홍이며 진달래가 피고 난 다음에 연달아서 핀다하여 연달래라고도 한다. 진달래의 꽃은 4월에 잎보다 먼저 피고 꽃잎은 5장이며, 붉은 빛이 강한 자주색 또는 연한 붉은색이고 겉에 털이 있다.

선생님이 주신 꽃씨

선생님은 수업시간을 알리는 종이 울리고 조금 후에 들어오셨습니다.

그런데 손에는 시장에 가져갈 때 쓰는 바구니를 들고 들어오셨습니다.

바구니 속에는 은박지 색으로 된 수십 개의 봉투가 들어 있었는데 그것이 무엇인 줄 아는 아이는 아무도 없었습니다.

선생님은 교단 위로 올라와서 아이들이 모두 제자리에 있는지 확인하셨습니다.

"자, 여기를 봐요. 지금은 자연시간이지요. 오늘은 봄에 피는 꽃에 대해 공부하기로 했지요."

"네엣!"

아이들은 병아리처럼 입을 크게 벌리고 대답했습니다.

"우선 봄에 피는 꽃에는 어떤 것들이 있을까요?"

선생님은 아이들에게 질문을 하고 뒤돌아서서 칠판에 '봄에 피는 꽃' 이라고 썼습니다.

아이들이 여기저기서 대답했습니다.

"개나리요."

"진달래요."

"……"

아이들은 계속 개나리와 진달래만 반복해서 말했습니다.

선생님은 한동안 소리지르는 아이들의 얼굴을 쳐다보았습니다. 다른 꽃 이름을 말하는 아이를 기다리고 계신 것 같았습니다.

그러나 더 이상 진달래, 개나리 외에는 다른 꽃이름이 나오지 않았습니다.

교실 안은 다시 조용해졌습니다.

선생님은 천천히 말씀하셨습니다.

"진달래, 개나리 말고 봄에 피는 다른 꽃을 아는 사람 없니?"

아무도 대답하는 아이가 없습니다.

선생님은 반장인 경수를 보고 질문을 하셨다.

"경수야, 너희집 주변에 꽃이나 나무를 키우지 않니?"

"글쎄요. 나무나 꽃이 있기는 한데 이름은 잘 모르겠습니다."

경수가 제자리에 앉자 교실은 다시 조용해졌습니다.

선생님은 쉬는 시간에 갖다 놓은 커다란 화보를 칠판 위에 걸쳐 놓고 한 장 걷어 올리셨습니다.

그 화보에는 여러 가지 꽃그림이 그려져 있었습니다.

선생님은 그림을 보며 꽃에 대해 여러 가지를 설명해 주셨습니다.

"봄에 피는 꽃에는 수백 가지가 있단다. 우리가 가까운 산에 가면 흔히 볼 수 있는데 땅속에 깊이 뿌리를 박고 있는 민들레, 씀바귀, 할미꽃, 모란 등이 있고 우리가 맛있게 먹는 자두, 살구, 복숭아, 능금꽃도 봄에 꽃을 활짝 피운단다. 꽃이름이 재미있는 것도 많은데 조밥나무, 솜양지꽃,

처녀치마, 붓꽃, 노루귀라는 꽃이름도 있단다."

아이들은 그렇게 많은 꽃이 봄에 핀다는 사실을 처음 알고 무척 놀라고 신기해 했습니다.

어떤 아이들은 머릿속으로 '왜 그렇게 많은 꽃을 우리 동네에서는 볼 수 없을까?' 하고 궁금해 하기도 했습니다.

선생님은 그런 아이들의 궁금증을 이미 알고 계신 것 같았습니다.

왜냐하면 선생님의 계속 되는 말씀으로 아이들의 궁금증이 저절로 풀렸으니까요.

"옛날 선생님이 살던 때는 선생님이 아까 말했던 꽃들을 어디서나 흔히 볼 수 있었단다. 봄이 되면 뒷산에 가서 여러 가지 꽃을 꺾어다가 책상 위에 올려 놓기도 하고 산에서 나는 풀을 뜯어다가 집에서 반찬으로 먹기도 했단다. 그런데 몇십 년 전부터 그 산들을 다 기계로 깎아버리고 아파트나 공장을 세우기 시작했단다. 그래서 너희들이 엄마 뱃속에서 나왔을 때쯤에는 그 푸른 산들이 많이 없어지게 돼서 산에서 나는 꽃이나 나무를 쉽게 볼 수가 없게 된거야. 뿐만 아니라 공장에서 나는 검은 연기와 버스에서 나오는 시커먼 가스 때문에 나무와 꽃들은 살 수가 없어졌단다. 그 연기는 몹시 독하고 나쁜거거든. 그걸 꽃들이 마시면 숨을

쉬지 못하고 말라 죽게 되는 거란다."

아이들에게는 선생님의 말씀이 너무 슬프게 들렸습니다.

마음이 약하다고 겁쟁이라고 불리우는 경아는 조금씩 훌

쩍거렸습니다.

"선생님, 그럼 그 꽃들을 어떻게 하면 숨쉬게 할 수 있어요."

교실 뒤쪽에 앉아 있는 경수가 손을 번쩍 들고 선생님에게 질문했습니다.

선생님은 화보를 원래대로 덮으시면서 대답했습니다.

"그건, 너희들이 그 꽃이나 나무를 사랑하는 마음으로 소중히 대하고 가꾸면 되는 거란다."

아이들은 고개를 끄덕거렸습니다. 몇몇 장난꾸러기들은 학교에 있는 꽃이나 나무를 함부로 꺾고 칼로 끊어버렸던 것을 후회했습니다.

'얼마나 아팠을까? 나쁜 공기 때문에 숨도 쉬기 어렵다고 했는데…'

성민이도 선생님의 말씀을 듣고 꽃에 대해 여러 가지를 알 수 있게 되었습니다.

"경수야, 앞으로 나와서 이것을 아이들에게 나누어 주어라."

선생님은 자연시간 수업 시작하기 전에 들고 들어온 바구니를 들고 경수에게 말씀하셨습니다.

경수는 재빨리 걸어 나갔습니다.

성민이는 사실 선생님이 말씀을 하실 때부터 '저 바구니 속에 들어 있는 것이 무엇일까?' 하고 궁금한 생각이 들어서 눈으로 힐끔힐끔 쳐다보기도 했었습니다.

경수는 바구니에 들어 있는 은박지 봉투를 꺼내서 앞줄부터 차례대로 하나씩 나누어 주기 시작했습니다.

성민이도 그 은박지 봉투를 받았습니다. 은박지 봉투 앞에는 꽃그림이 있었습니다.

아이들은 '은박지 속에 무엇이 들어 있을까?' 생각하며 봉투를 뜯어 보고 싶었지만 선생님이 아무런 말씀을 하시지 않아서 은박지 봉투를 이리저리 훑어보기만 했습니다. 그런데 꽃그림 밑에 조그맣게 글씨가 씌여 있었습니다.

그 때 선생님께서 손으로 칠판을 톡톡 치셨습니다. 아이들은 선생님을 향해 자세를 바르게 하고 똑바로 칠판을 바라보았습니다.

"이 봉투가 뭔지 아는 사람?"

"꽃인 것 같은데…"

교실 중간쯤에서 누군가 혼자말로 중얼거리는 소리를 듣고 선생님과 아이들은 다같이 크게 웃음을 터트렸습니다.

"그래 꽃이긴 꽃이지. 이것은 제비꽃이라는 꽃씨란다."

"꽃씨?"

"제비꽃?"

아이들은 저마다 한 마디씩 해서 교실은 갑자기 웅성거리기 시작했습니다.

"조용히 해. 선생님 말 들으세요!"

선생님은 다시 한 번 손으로 칠판을 톡톡톡 치셨습니다.

"이 제비꽃이란 꽃씨를 집에서 키워오도록 해라. 보름 정도면 꽃이 피어날 거야. 집에 빈 화분

하나 정도는 남는 게 있겠지? 화분에다가 흙을 넣고 꽃씨를 잘 묻어두고 이틀에 한번씩 물을 주면 되는 거야. 그러면 꽃이 너희들처럼 이쁘게 피어날 거다. 자연숙제니까 시험점수에도 포함시킬 거예요. 그 날 누가 가장 잘 이쁘게 꽃을 피어왔는지 보자."

아이들은 꽃씨가 든 봉투를 신기하게 바라보았습니다.

꽃을 키운다는 것이 믿겨지지 않는 모양입니다.

수철이가 손을 번쩍 들었습니다. 질문하고 싶은 것이 있나 봅니다.

"그래, 수철이 무슨 할 말이 있니?"

수철이는 약간 쑥스러운 표정을 짓고 자리에서 일어나 선생님에게 질문을 했습니다.

"선생님, 제비꽃이 피면 그 꽃은 하늘을 나는 제비가 되나요?"

아이들은 수철이의 엉뚱한 질문에 깔깔대고 웃어 대었습니다.

그러나 수철이는 일부러 아이들을 웃기려고 질문한 것은 아니었습니다.

정말 제비꽃이란 꽃이름이 신기하게 생각되었던 것입니다.

'열심히 제비꽃을 다 피운 후에 제비가 되어 날아가 버리면 어떡하지?'

수철이는 그런 걱정이 은근히 생겼던 것입니다.

선생님도 웃으시면서 대답해 주셨습니다.

"걱정 마라, 제비가 돼서 날아가지는 않을 테니까. 왜 제비꽃이라는 꽃이름이 붙여졌느냐면 말이다. 꽃 중에서 가장 먼저 봄소식을 전해주는 꽃이라고 해서 그렇게 불려졌단다. 하늘에서 날아다니는 제비가 사람들에게 제일 먼저

봄을 느끼게 해주기 때문이야."

"선생님, 이 꽃을 키우면요, 제비꽃 색깔은 어때요?"

교실 맨 뒤에 앉아 있는 덩치가 보통 아이보다 두 배나 큰 뚱보라고 별명 붙은 수창이가 선생님에게 물었습니다.

"음, 꽃의 색깔은 자주색, 보라색, 흰색, 노란색, 청색 등 여러 가지인데 대부분은 자주색깔이란다. 옛날에는 사람들이 이 제비꽃의 어린 잎을 먹기도 했단다."

아이들은 제비꽃을 먹기도 했다는 말에 무척 놀랐습니다.

"제비꽃을 먹어요?"

한 아이가 놀란 듯이 불쑥 말했습니다.

"제비꽃만 먹은 게 아니란다. 진달래도 부침개를 해서 먹었는 걸."

아이들은 선생님의 말을 듣고 책상을 주먹으로 두드리며 웃었습니다.

"자, 이제 그만 그만. 이번 달 마지막 자연시간이 들은 날 꽃을 잘 피워서 가지고 오너라."

"네엣!"

아이들은 힘차게 대답했습니다.

"그리고 이 시간이 마지막 수업이지? 다른 데로 가지 말고 집으로 곧장 돌아가거라."

"네엣!"

아이들은 모두 우렁차고 씩씩하게 대답해야 한다고 생각하는 것 같았습니다. 선생님이 수업시간에 물어 보면 우물쭈물하면서 말입니다.

"자, 오늘은 몇 분단 청소하는 날이지?"

"2분단이오."

아이들은 다같이 대답을 했습니다.

"그럼 2분단만 남고 집으로 모두 돌아가도록 해요."

성민이와 수철이는 2분단이어서 청소를 하려고 남았습니다. 수철이는 청소도 제대로 하지 않았습니다. 유리창을 닦

아도 건성으로 문지르고 청소 끝날 시간만 기다리곤 했습니다.

성민이는 책상을 뒤로 밀었습니다.

수철이는 성민이 옆으로 다가왔습니다.

"야, 너 그 꽃씨 책가방에 집어 넣었니?"

성민이는 조그맣게 대답했습니다.

“그래.”

“그 꽃씨 나 줘라!”

청소하고 있던 2분단 아이들은 수철이가 성민이에게 하는 말을 듣고 놀라서 그 둘을 번갈아 바라보았습니다.

수철이는 일부러 성민이를 약올릴려고 했던 말이었습니다. 수철이는 아이들이 다 들리게 큰 소리로 말했습니다.

"넌 어차피 그 꽃씨를 제대로 키우지 못할 거잖아."

청소하던 아이들은 아예 청소할 생각도 하지 않고 수철이 주위에 둘러섰습니다.

성민이는 얼굴이 금세 홍당무처럼 벌개졌습니다.

"그게 무슨 말이야. 내가 그 꽃씨를 키우지 못하다니?"

수철이는 아이들이 많이 모이자 더 의기양양해졌습니다.

"넌, 공부밖에는 모르잖아, 매일 학교에 오면 말뚝박기 놀이도 하지 않고 운동장에는 체육시간 빼놓고는 나가지 않잖아. 고개만 푹 숙이고 덧셈 뺄셈이나 하고…"

성민이는 수철이에게 아무런 대꾸도 하지 않았습니다. 수철이의 말은 다 맞기 때문입니다.

엄마는 학교에 들어가기 전부터 늘 공부만 하라고 말씀하셨습니다. 더욱이 운동하는 것은 다칠까 봐 왠지 무섭기도 했습니다.

그러나 운동을 싫어하는 것 때문에 꽃씨를 키울 수 없다는 수철이의 말은 잘 이해가 되지 않았습니다. 자신을 못살게 구는 수철이가 밉기만 했습니다.

"그게 무슨 말이야. 나는 꽃씨를 잘 키울 수 있어!"

성민이는 주먹을 굳게 쥐고 말했습니다.

수철이도 성민이에게 지지 않으려는 듯이 더 크게 말했

습니다.

"넌, 공부밖에 안하니까, 꽃씨를 잘 가꾸지 못할거란 말이야."

교실 안은 갑자기 팽팽한 긴장감에 휩싸였습니다.

성민이와 수철이의 두 사람 중에 누가 먼저 주먹이 나갈

것인지 아이들은 그것에 더 큰 호기심을 일으켰습니다.

"아니야, 내가 너보다 훨씬 꽃씨를 예쁘게 키워낼거라구!"

성민이는 눈에 눈물이 고여 들었습니다. 마침내 눈물이 한 방울 뚝 떨어졌습니다.

성민이는 손등으로 눈물을 훔치고 책가방을 들고 교실 밖으로 뛰어나갔습니다.

수철이는 처음으로 성민에게 미안하다는 마음이 들었습니다.

성민이에게 여러 번 장난을 쳤어도 조금 화가 나서 얼굴이 붉어진다거나 조금 씩씩거리는 눈빛 정도였습니다. 오늘처럼 눈물을 흘리지는 않았습니다.

수철이는 성민이에게 쫓아가서 미안하다는 말을 하고 싶었지만 차마 따라가지는 못했습니다.

자연숙제

성민이는 마음이 몹시 우울했습니다.

자기가 특별히 친한 친구가 없는 것도 수철이 말처럼 다른 아이들과 어울리지 못했기 때문이라는 사실을 깨달았기 때문입니다.

성민이는 공장지역을 조금 벗어난 비탈길 위의 집으로 올라갔습니다.

'왜 나는 매일 이렇게 힘들게 비탈길을 넘어 집으로 가야 하는 걸까?'

성민이는 가파른 비탈길을 힘들게 올라갈 때마다 이런 생각이 들곤 했습니다.

성민이는 자기 집이 다른 집보다 조금 작고 허름하다고

생각하기는 했지만 그렇다고 부모님을 원망해 본 적은 없었습니다.

그러나 오늘은 이 산등성이가 다른 날보다 훨씬 높아보였습니다. 그 아래로 보이는 아스팔트 길 위에 아이들이 손을 잡고 나란히 걸어가고 있는 모습이 부럽기도 했습니다.

공장 굴뚝에서 나오는 시커먼 연기는 어제처럼 오늘도 변함없이 하늘 위로 솟아오르고 있었습니다.

엄마가 입버릇처럼 공장 굴뚝을 보며 중얼거리던 말이 생각났습니다.

'언제쯤이나 이곳을 떠나게 될까? 사람이 살만한 곳으로 가야 할 텐데.'

엄마가 그런 말을 할 때면 성민이는 늘 똑같이 되물었습니다.

"엄마, 사람이 살만한 곳은 어떤 곳인데?"

성민이가 그런 말을 할 때면 엄마는 씁쓸한 표정을 지으셨습니다.

"저 하늘을 보렴. 저 검은 연기 때문에 하늘이 늘 아픈 것처럼 거무스름한 안개 속에 가려져 있지 않니? 사람이 살만한 곳은 바로 저 하늘이 맑고 푸르게 웃고 있는 곳을 말한단다. 하늘이 아프면 사람도 아프게 되거든."

"그럼 이사 가면 되잖아. 하늘도 아프지 않고 사람도 아프지 않는 곳으로 말이야."

성민이가 그 말을 할 때면 엄마는 더 이상 아무 대꾸도 하지 않으셨습니다.

성민이는 아무런 말도 하지 않는 엄마의 뒷모습이 항상 슬퍼보인다고 생각했습니다.

그래서 다시는 엄마에게 그런 말을 하지 않겠다고 결심했지만 엄마가 공장 굴뚝을 보며 그런 말을 꺼내시는 것이었습니다.

성민이는 비탈길을 힘들게 올라갔습니다.

집에는 아무도 없었습니다. 점심시간이 조금 넘은 시간이었습니다.

이 시간에는 같이 사는 아주머니, 아저씨 모두 일을 나가고 없는 시간이라는 것을 성민이는 잘 알고 있었습니다.

성민이네 집은 여러 가구가 함께 세들어 사는 곳이었습니다. 그래서 수도도, 화장실도 마당에 하나를 놓고 여러 가구가 같이 사용합니다.

성민이네 부모님을 비롯해서 아주머니 아저씨들은 이 공단 지역으로 일을 나가고 있었습니다.

성민이는 집으로 들어가자마자 점심을 먹을 생각도 하지 않고 집 구석구석을 돌아다니며 화분을 찾았습니다.

화분이 몇 개 있기는 했지만 옆집 아저씨네의 선인장이 심어진 화분이었습니다.

성민이는 버려진 화분을 찾으려고 집 밖으로도 돌아다니다가 지쳐서 담벼락에 주저앉았습니다.

'엄마한테 화분을 사달라고 할까?'

성민이는 엄마 올 때까지 기다려야 하겠다고 생각하고 집으로 들어가려는 순간 햇빛에 반짝이는 어떤 것이 보였습니다.

성민이는 그곳으로 가까이 다가갔습니다. 개 밥그릇 같은, 이가 조금 깨진 큰 사발 그릇이었습니다.

성민이는 그것을 들고 이리저리 훑어보았습니다.

‘그래, 화분을 사달라고 할 필요없이 여기에다가 꽃씨를 키우면 되겠구나!’

사발 그릇 밑에는 화분 밑구멍에 뚫린 것처럼 구멍이 두어 개 숭숭 뚫려 있었습니다.

마치 그 사발그릇을 하나님이 보내 주신 화분 같다는 생각이 들어 성민이는 기분이 좋아졌습니다.

성민이는 그것을 들고 집으로 뛰어 들어갔습니다.

책가방을 열고서 은박지 봉투를 꺼내었습니다.

성민이는 그것을 조심스럽게 뜯고서 손바닥 위에 올려놓았습니다.

성민이는 새끼 손톱 끝보다 작은 꽃씨가 마치 살아 있는 것처럼 조금씩 흔들리는 것 같았습니다.

성민이는 꽃씨를 다시 은박지 봉투 속에 넣었습니다. 그리고 마당 한구석에 있는 흙을 사발에 넣고 조금씩 손으로 주물렀습니다.

성민이는 꽃씨를 꺼내어 흙속에 보이지 않게 넣고 다시 흙을 매만졌습니다.

성민이는 흙 위에다 손바닥을 가만히 올려놓았습니다. 꽃씨가 들어가자마자 흙은 갑자기 따뜻해진 것 같았습니다.

성민이는 아까 선생님이 보여 주셨던 화보에서 본 제비꽃의 모습을 떠올렸습니다.

자주색깔의 꽃잎 가운데는 노란빛이 흐리게 스며 있었습니다.

그 제비꽃은 금방이라도 환하게 꽃봉오리를 터트리고 노오란 날개를 달은 요정이라도 나올 것 같았습니다.

성민이는 그 그릇을 햇빛이 제일 많이 비치는 수돗가의 왼쪽 구석에 갖다 놓았습니다.

성민이네 방이 있는 곳과는 약간 거리가 있긴 했지만 그래도 햇빛이 잘 드는 그쪽이 나을 것 같았습니다.

선생님이 물을 너무 많이 주지 말고 햇빛이 잘 드는 쪽으로 화분을 놓으라고 하셨기 때문입니다.

화분 그릇을 갖다 놓은 뒤에야 성민이는 배가 몹시 고픈 것을 느꼈습니다.

성민이는 방에 들어가 아침에 엄마가 차려 놓은 밥상에 앉아 밥을 먹었습니다.

성민이는 점심을 먹고 잠깐 누워있었는데 그만 잠이 들었습니다. 깨어났을 때는 조금 어둑해졌을 때였습니다.

밖에서 엄마가 문을 열고 들어오는 소리가 들려왔습니다.

성민이는 일어나서 방문을 열었습니다.

"엄마 왔어?"

"응, 우리 아들 밥먹었니?"

엄마는 집에 들어오실 때마다 점심시간이 한참 지난 후에라도 늘 밥을 먹었냐고 물어보십니다.

성민이는 방으로 들어오지 않고 곧장 부엌으로 가는 엄

마를 향해 말했습니다.

“엄마, 나 오늘 학교에서 꽃씨 받아가지고 왔어.”

엄마는 부엌에서 쌀을 씻으시면서 말했습니다.

“무슨 꽃씨?”

“응, 선생님께서 반 아이들한테 제비꽃 꽃씨를 나누어 주셨어. 자연숙제인데 집에서 키워오라고 하셨어.”

"자연숙제?"

엄마는 자연숙제가 꽃을 피워가지고 오라는 것이 무슨 소리인지 잘 모르는 것 같았습니다.

성민이는 부엌 문턱에 서서 오늘 학교에서 선생님한테 들었던 이야기를 또박또박 엄마에게 들려주었습니다.

엄마는 그제서야 고개를 끄덕이시며 말씀을 하셨습니다.

"응, 참 좋은 선생님이시구나, 요즘에 아이들이 하도 꽃이나 나무를 무관심하게 지나쳐버리니까, 그런 숙제를 다 내주셨구나, 자연을 사랑하는 마음을 키워주실려고 말이야."

엄마는 밥을 안치면서 혼자말로 중얼거리셨습니다.

성민이는 엄마의 말 중에서 알아듣지 못할 말이 있어서 엄마에게 물어보았습니다.

"엄마, 무관심이 뭐야?"

"음. 글쎄 어떻게 말하면 성민이가 이해할 수 있을까?"

엄마는 무언가를 곰곰이 생각하시는 것 같았습니다.

"음. 그러니까 무관심이라는 것은 사랑하는 마음이 없어서 그냥 모르는 척하는 것이란다. 성민이가 배고프다고 할 때 엄마가 모른 척하고 밥을 차려주지 않으면 성민이는 속상해 하겠지?"

성민이는 얼른 대답을 하지 못했지만 무관심이라는 것이 무척 무서운 것이라는 것을 알게 되었습니다.

성민이는 부엌에서 나가려고 문턱을 밟고 지나가는데 언뜻 엄마가 비탈길을 올라오면서 늘 했던 말이 떠올랐습니다.

"엄마, 그럼 검은 연기 때문에 하늘이 매일 아픈데도 어른들이 고쳐 줄 생각도 하지 않고 모른 척하는 것도 무관심하기 때문에 그런거네?"

성민이는 우울해졌습니다.

나쁜 공기 때문에 꽃들이 숨도 못 쉬고 말라 죽어가고 있다고 선생님이 말씀하셨는데 그런 것도 모두 어른들이 무관심하기 때문이라는 생각이 들었습니다.

성민이는 수돗가 왼쪽 구석에 갖다 놓은 화분 그릇을 보러 갔습니다.

겉으로 보기에는 아까와 다름없이 보였지만 그 흙 속에는 꽃씨들이 막 껍질을 벗고 싹을 틔우고 있는 것처럼 성민이는 느껴졌습니다.

"성민아, 씻고 밥먹어야지."

성민이는 엄마의 목소리를 듣고 수돗가에서 세수를 했습니다.

성민이는 방으로 들어갔습니다. 오늘은 산수 문제풀이 숙제가 있었습니다.

“어, 우리 성민이 학교에서 돌아왔느냐.”

굵고 목이 쉰 아빠의 목소리가 밖에서 들려왔습니다.

성민이는 방문을 활짝 열고 조그만 마당으로 뛰어 나갔습니다. 다른 집들도 마당에서 쌀을 씻고 바쁘게 저녁 준비를 하고 있었습니다.

아빠는 한달 전, 사흘 동안 누워 계신 후에 얼굴색이 더 검어진 것 같았습니다.

엄마가 병원에 가보자고 해도 아버지는 약을 먹고 쉬면 괜찮다고 하시며 한사코 병원에 가지 않겠다고 하셨습니다.

아버지는 요즘 들어서 더 잔기침이 잦아지셨다고 엄마가 무척 걱정하고 계셨습니다.

엄마의 말대로 아빠는 감기가 들지 않았다고 하면서도 자꾸만 기침을 하셨습니다.

“쿨룩, 쿨룩, 우리 성민이 숙제는 다 했느냐?”

아빠는 수돗가에서 얼굴을 씻고 성민이가 가지고 나온 수건으로 얼굴을 닦으시며 말씀하셨습니다.

“산수 숙제가 있는데요. 저녁 먹고 하면 돼요.”

"그래, 방으로 들어가자."

아빠는 성민이를 덥석 안고 방으로 들어가셨습니다.

"이녀석, 꽤 몸무게가 늘었구나!"

아빠는 성민이의 허리를 잡고 빙빙 돌리셨습니다.

성민이는 아빠가 자기 몸을 옆으로 빙빙 돌리는 바람에 천장과 방바닥이 거꾸로 보였습니다.

머리가 어지럽기는 했지만 무척 재미있었습니다.

"아빠, 어지러워. 그만해!"

성민이는 정말 어지러웠습니다.

아빠가 성민이를 방에 내려놓자 성민이는 비틀거리며 혼자 약간씩 돌았습니다. 그러다가 옷장에 머리를 부딪쳐 '앙앙' 울음을 터트리고 말았습니다.

성민이는 어지럽기도 하고 아프기도 해서 울음을 멈추지 못했습니다.

"아빠, 여기 아퍼!"

성민이는 머리 뒤통수를 매만지면서 울먹였습니다.

"어디, 여기?"

아빠는 성민이의 머리를 살살 어루만져 주셨습니다.

"어, 요기 콩알만한 혹이 났구나."

"아빠, 이거 언제 없어져?"

성민이는 혹을 만지면서 물어보았습니다.

"성민이가 말 잘듣는 착한 어린이라는 것을 천사가 아니

까, 오늘밤에 천사가 내려와서 혹이 난 곳을 '호' 하고 불어줄거야. 그럼 내일은 깨끗이 없어질 거란다."

엄마는 부엌에서 밥상을 들고 들어오셨습니다.

엄마는 근심스러운 표정을 지으시고 아빠에게 말을 건네셨습니다.

"여보, 다른 곳으로 직장을 옮기는 것이 어떻겠어요? 몸도 약한 편인데 당신이 지금 있는 곳은 공기도 너무 탁하고 일도 힘들잖아요."

아빠가 일하시는 공장은 섬유공장이라고 들었습니다. 아빠가 그곳에서 하시는 일은 옷감에다가 물을 들이는 일이라고 합니다.

그것은 남들이 하기 싫어하는 일이라고 합니다.

저번에 공장에서 같이 일하시는 아저씨들이 집에 놀러오셨을 때 아저씨들은 그렇게 말씀하셨던 것입니다.

왜냐하면 옷감에 염색하는 물이 더럽기도 하고, 그 물이 몸에 닿으면 살갗이 변하고 잘못하면 피부병이 걸릴 수도 있다고 합니다.

뿐만 아니라 수백 장의 옷감에서 뿌연 먼지가 하루종일 풀풀 날려서 목도 아프고 가슴도 답답해진다고 들었습니다.

그곳에서 오랫동안 일을 하셔서 그런지는 몰라도 아빠는 갈수록 건강이 점점 나빠지는 것 같았습니다.

아빠는 식사를 하시며 말씀하셨습니다.

"괜찮아, 여기서 조금만 더 일하면 작업반장이 될거야."

아빠는 밥을 먹다 마시고 얼굴을 돌리고 잔기침을 하셨습니다. 금방이라도 숨이 끊어질 것 같았습니다.

성민이는 갑자기 두려워졌습니다.

'아빠가 죽으면……'

성민이는 강하게 머리를 도리질했습니다.

아빠가 언젠가 사람이 죽으면 하늘나라로 올라간다고 했던 말이 기억났습니다.

그때는 사람이 하늘나라로 가는 것이 좋은 것이라고 생각했습니다.

그러나 아빠가 죽어서 자기와 엄마를 두고 하늘나라로 떠난다는 것은 상상할 수도 없는 일이었습니다.

아빠는 물을 마시고 옷장 서랍에서 알약을 꺼내 드셨습니다.

엄마는 처음 보는 약이라서 무슨 약이냐고 다그치듯이 물어보셨습니다.

"그냥. 두통약이야. 기침도 나고 머리도 아파서 말이야."

"그래도 약을 함부로 먹으면 돼요? 이번에는 병원에 꼭 같이 가요!"

엄마는 화가 나신 모양입니다. 엄마가 화가 날 때면 목소리도 커지고 얼굴 표정이 약간 찌그러지시곤 했습니다.

쓰러진 아버지

하루가 다르게 잎이 돋아나고 자주색 꽃망울이 터지기 시작했습니다.

성민이는 꽃이 피어나는 모습이 무척이나 신기했습니다.

엄마가 집에 들어오자마자 "오늘은 꽃이 세 개나 피어났어."라고 자랑스럽게 말하는 것이 성민이에게는 빼놓을 수 없는 일이 되었습니다.

성민이 뿐만이 아니었습니다.

학교에 가면 아이들은 온통 꽃 이야기뿐입니다.

"내 꽃이 제일 이쁠 거야!"

수철이는 매일 자기가 키운 꽃자랑을 했습니다.

"왜냐하면 내 꽃 색깔은 노란 바탕에 보라색 무늬가 생긴

거라구!"

그 말에 아이들은 수철이를 부러운 눈으로 쳐다보았습니다.

대부분의 아이들의 꽃 색깔은 자주색이었기 때문입니다.

그런데 수철이가 가져간 꽃씨만이 두 가지의 색깔이 섞여 있다는 것이 몹시 부러웠던 것입니다.

"얼마나 이쁠까?"

아이들은 한결같이 수철이 제비꽃의 아름다운 모습을 상상했습니다.

수철이는 더 의기양양해졌습니다.

그리고 성민이에게 일부러 매일 꼬치꼬치 꽃에 대해 물었습니다.

"네 꽃은 잘 크니?"

"응응!!"

성민이는 늘 그렇게 대답해 주었습니다.

그러나 수철이는 계속 자랑을 늘어놓았습니다.

"우리 엄마가 그러는데 꽃은 그냥 키우는 게 아니래. 물도 줘야 하지만 영양분 있는 계란 껍질 같은 것도 넣어주고, 물기가 많은 흙으로 갈아 주기도 해야 하는 거래."

성민이는 수철이의 말을 듣고 마음에 걸리는 것이 한두 가지가 아니었습니다.

계란 껍질은 커녕 흙도 제대로 갈아 주지 못한 것입니다.

수철이가 나중에 한 말은 성민이의 가슴을 아프게 만들었습니다.

“꽃이 이쁘게 피려면 제일 중요한 것이 공기가 맑고 깨끗해야 한대. 더러운 공기를 마시면 꽃은 금방 시들어 죽는다구!”

성민이는 귀를 막고 그 말은 듣고 싶지 않았습니다.

성민이가 사는 동네는 공장지역이라 나무 한 그루 보기 힘든 곳입니다.

성민이는 은근히 걱정이 되기 시작했습니다.

"설마, 꽃이 죽어버리지는 않겠지?"

성민이는 수철이에게 걱정하는 모습을 보여 주지 않으려고 당당한 목소리로 말했습니다.

"괜찮아, 내 꽃은 네 꽃보다 훨씬 예쁘게 자라고 있으니까."

수철이는 싱글싱글 웃으며 말했습니다.

"그래, 두고 보자 얼마나 잘 키워오는지!!!"

수철이는 성민이가 알지 못하는 다른 꿍꿍이가 있는 모양입니다.

"성민아. 내일 자연시간이 무슨 날인 줄 알지?"

수철이가 무슨 뜻으로 하는 말인지 성민이는 잘 알고 있었습니다.

선생님께서는 제비꽃을 가장 예쁘고 정성스럽게 가꾸어 온 아이에게 선물을 주시겠다고 약속을 하셨기 때문입니다.

그 날이 내일로, 마지막 수업시간에 자연과목이 들었던 것입니다.

그런데 그 날 집에 돌아온 성민이는 화분에 꽃을 보고 조금씩 걱정이 되었습니다.

꽃잎까지 자줏빛으로 붉게 물든 꽃잎 끝이 불에 탄 것처럼 조금 까매져 있었습니다.

'설마, 시들어 버리는 것은 아니겠지?'

성민이는 꽃잎을 자세히 쳐다보았습니다.

처음에 반지르르하게 윤기가 났던 꽃잎은 처음과는 다르게 그 빛도 차츰 없어지는 것 같았습니다.

'내일 이 화분을 학교에 가져가야 하는데.'

성민이는 그 자리에서 일어나지 못하고 금방이라도 울음이 터질 것처럼 슬퍼졌습니다.

어느 새 집에 들어오셨는지 엄마가 성민이의 등 뒤에 서 계셨습니다.

"왜 그러니? 무슨 일이 생겼니?"

성민이는 엄마의 음성을 듣고 울먹이며 말했습니다.

"엄마, 꽃이 죽어가나봐. 어저께까지도 괜찮은 것 같았는데, 저 꽃잎 끝이 이상하게 색깔이 변했어."

엄마는 성민이의 등을 토닥거려 주셨습니다.

성민이네 집이 공장근처에 있는 데다가 바로 길 건너편에는 버스정류장이 있어서 버스들이 내뿜는 시커먼 배기가스 때문에 이 근처 사람들은 늘 얼굴을 찡그리고 다닙니다. 더욱이 공장에서 나오는 폐수 때문에 코를 찌르는 고약한 냄새가 나기도 합니다.

이 동네 아주머니들은 모여 서서 이런 이야기를 주고 받기도 합니다.

"이 공장 다니는 사람치고 몸이 좋은 사람 봤나? 다 한 가지씩은 병을 앓고 있지. 요즘에는 살갗이 간질간질하더니 붉은 반점이 생기더라구?"

'아주머니도 그래요? 나만 그런 줄 알았는데… 이 공장 근처 사람들은 어찌 살아야 할지.'

"여기만 그래? 잘 사는 사람들은 돈주고 맑은 공기도 사고 깨끗한 물도 사기도 한다던데?"

이 동네 아주머니들은 이렇게 모여 서서 실컷 이야기를 털어 놓고 집으로 돌아가시는 것이었습니다.

울상을 짓고 있는 성민이에게 엄마는 말했습니다.

"성민아, 아마 이 동네의 나쁜 공기 때문에 꽃이 금방 말라죽는 것 같구나."

"그 말이 정말이야?"

성민이는 수철이의 말이 생각났습니다.

"엄마, 말도 안 돼. 어떻게 금방 죽을 수 있어!"

성민이는 참았던 울음을 터트렸습니다.

"엄마, 꽃 살려줘. 불쌍하잖아!"

엄마도 마음이 아팠습니다.

성민이는 제비꽃을 마치 자기 동생이라도 돌보듯이 정성스럽게 가꾸었기 때문입니다.

일학년 때 까지만 해도 성민이는 가끔 엄마에게 매달려 동생을 하나 낳아 달라고 투정을 부리기도 했습니다.

엄마는 외로움을 타는 성민이가 늘 가엾게 생각되었습니

다.

"성민아, 네가 어른이 되면 여러 가지 꽃들이 맑고 깨끗한 공기 속에서 아름답게 필 수 있는 세상을 만드는 거야."

"어떻게 하면 되는데?"

성민이는 눈물을 훔치고 물어보았습니다.

"엄마가 전에 말했지? 우선은 꽃과 나무를 사랑하는 마음부터 가져야 한다구! 그리고 우리 성민이가 지금 할 수 있는 일은 하나님께 기도 드리는 거야!"

성민이의 유난히 크고 맑은 눈동자가 반짝반짝 빛을 내기 시작했습니다.

"뭐라고 하면 돼?"

엄마는 성민이의 두 볼을 쓰다듬으며 조용히 말했습니다.

"우리 주변이 맑고 깨끗해질 수 있도록 사람들이 더 많은 관심을 갖게 해주세요. 그리고 가난한 사람들이 나쁜 공기 때문에 아파하는 일이 없도록 해주세요."

엄마도 울컥 눈물이 나올 것 같았습니다.

남편이 병들어가고 있는 이유가 그 공장에서 나오는 유독 가스와 먼지 때문이라는 것을 알고 있었기 때문입니다.

짙은 자줏빛으로 피어났던 제비꽃이 시들어가는 모습을

보니까 병들어 얼굴색이 좋지 않은 남편의 얼굴이 떠올랐던 것입니다.

엄마는 성민이를 데리고 방으로 들어갔습니다.

"엄마, 선생님한테 어떻게 말씀드리지?"

성민이는 예쁜 꽃을 기대하고 계실 인자한 선생님의 얼굴이 떠올랐습니다.

"성민아, 숨길 것 없다. 솔직히 말씀드리는 거야. 그것은 부끄러운 일이 아니다!"

성민이는 월요일 날 자연시간이 두려워졌습니다.

수철이가 가만히 있지 않을 것입니다. 선생님과 아이들 앞에서 창피를 줄 것입니다.

사실 성민이는 그것보다도 더 두려워지는 것이 있었습니다.

자신이 살고 있는 동네에서는 제대로 꽃을 피울 수 없다는 사실이 믿어지지가 않았던 것입니다.

'아마, 그런 집은 우리 집밖에 없을 거야.'

성민이는 시무룩해졌습니다.

그 때 밖에서 누군가 엄마를 찾고 있는 목소리가 들려왔습니다.

"성민이 어머니, 빨리 나와 보세요. 성민이 아버지가……"

엄마는 황급히 방문을 열어 보았습니다.

저번에 아빠가 집에 모셔와 저녁을 함께 잡수시고 간 황씨 아저씨였습니다.

"무슨 일이에요. 황씨 아저씨?"

아저씨는 말을 못하고 우물쭈물 서계셨습니다.

"우리 애 아빠가 어떻게 되셨나요?"

엄마의 목소리는 떨리고 있었습니다.

황씨 아저씨는 조심스럽게 말씀을 하셨습니다.

"오늘 오후에 갑자기 일을 하다가 그만 쓰러지셨습니다."

"뭐라구요!"

엄마는 비틀거리다가 그 자리에 주저앉았습니다.

그리고 간신히 말을 이으셨습니다.

"그럼, 지금, 애 아빠는 어디에 계세요?"

"좀전에 00동 사거리에 있는 양지 병원으로 데리고 갔습니다. 저랑 같이 가시지요."

엄마는 정신이 나간 사람처럼 허둥대셨습니다.

엄마는 윗도리를 걸치시고 가방을 메고 나가셨습니다.

성민이는 엄마를 쫓아 나갔습니다.

"엄마, 나도 갈래!"

성민이가 간절하게 엄마에게 말했습니다.

"성민아, 집에 있어. 엄마 말 잘 듣는 아이지?"

"싫어, 나도 아빠한테 갈 테야!"

"성민아, 네가 쫓아가면 엄마만 더 힘들어. 집에 있어라. 엄마가 전화할게."

성민이는 더 이상 엄마를 쫓아간다고 조를 수가 없었습니다.

엄마의 이렇게 힘이 없고 슬픈 모습을 본 것은 처음이었기 때문입니다.

"엄마, 그럼 아빠 집으로 데리고 빨리 와."

"알았어, 밥통에서 밥 꺼내서 먹는 것 잊지 말고!"

"음, 음."

성민이는 엄마에게 손을 흔들었습니다.

울음이 터질 것 같았지만 여기서 울면 엄마가 더 속상해하실 것 같아서 꾹 참았습니다.

엄마는 황씨 아저씨의 뒤를 따라갔습니다.

성민이는 엄마가 버스를 타고 사라질 때까지 그 자리에서 있었습니다.

성민이는 화분이 있는 자리에 가서 털썩 주저앉았습니다.

저녁 어둠이 깔리자 제비꽃잎은 더욱 시들어 풀죽은 모습을 하고 있는 것 같았습니다.

'제비꽃아, 오늘은 기도할 것이 너무 많은 것 같아.'

성민이는 정말 무엇부터 기도 해야 할지 몰랐습니다.

성민이는 방에 들어갔습니다.

'하나, 두울 셋.'

성민이는 밥도 먹지 않고, 누워서 천장 벽지의 꽃무늬를

세다가 잠들어 버렸습니다.

아침이 되었습니다.

창문에 햇빛이 비쳐 들어와 성민이는 눈을 떴습니다. 엄마는 집에 들어오시지 않은 모양이었습니다.

집에는 아무도 없었습니다.

"성민아, 아직 자고 있니?"

엄마의 목소리였습니다. 엄마는 부엌에 계셨던 것입니다.

"엄마!"

성민이는 방에서 뛰어나가 부엌문을 활짝 열었습니다.

엄마는 병원에서 방금 들어온 것 같습니다. 어제 입고 나간 모습 그대로였습니다.

"엄마! 아빠는요?"

"일주일쯤 병원에 계시다가 집으로 돌아오실거야!"

엄마는 병원에서 잠을 한숨도 주무시지 못한 것 같습니다.

엄마의 눈동자가 붉으스름하게 충혈되어 있었습니다.

"아빠는 많이 아파?"

"응, 조금 쉬시면 괜찮아지신다고 의사 선생님이 말씀하셨어."

엄마는 말씀은 그렇게 하셨지만 몹시 걱정하시는 표정이셨습니다.

"엄마, 아빠 어디가 아프신데?"

엄마는 아무런 대꾸를 하지 않으셨습니다. 오히려 성민이에게 밥먹고 학교 갈 준비를 서두르라고 재촉하셨습니다.

엄마는 성민이가 세수를 하고 있는 모습을 바라보며 속으로 말씀을 하셨습니다.

'성민아, 아빠는 가슴이 아프시대. 너무 오랫동안 섬유공장에서 염색일을 하셔서… 숨을 들이마시는 폐 속에 몸에 나쁜 물질들이 쌓였단다.'

엄마의 눈에는 어느 새 눈물이 고였습니다.

성민이 아빠의 병명은 진폐증이라는 것이었습니다. 진폐증이란 오랫동안 폐에 먼지가 끼어 있어서 호흡기능이 몹시 나빠지는 병입니다. 이 병에 걸리면 숨이 차고 얼굴빛이 흙빛처럼 까매집니다. 음식을 먹고 싶은 마음이 생기지 않기도 합니다. 얼굴, 팔, 다리가 붓기도 하는 무서운 병입니다.

성민이는 책가방을 챙겼습니다.

엄마는 책가방을 챙기는 것을 도와주시면서 성민이의 머리를 쓰다듬으며 말씀하셨습니다.

"엄마는 아빠가 계신 병원에 일주일 동안 계속 있을거야. 작은 이모한테 오라고 전화했으니까, 작은 이모 말 잘 듣고 있어."

"음, 엄마. 그런데 나 병원에 가면 안돼?"

엄마는 성민의 손을 꼭 쥐셨습니다.

"이모하고 이번 일요일날 오면돼."

성민이는 엄마의 품에 꼭 안겼습니다.

여름에 피는 꽃

패랭이꽃은 석죽화, 대란, 산구맥이라고도 한다. 꽃은 양성화로 6 8월에 피고 가지 끝에 1개씩 달리며 붉은색이다. 꽃받침은 5개로 갈라지고 밑은 원통형이다. 꽃잎은 5개이며 밑부분이 가늘어지고 현부는 옆으로 퍼지며 끝이 얕게 갈라지고 짙은 무늬가 있다. 수술은 10개, 암술대는 2개이다. 낮은 지대의 건조한 곳이나 냇가 모래땅에서 자란다.

무궁화는 우리나라 중부 이남의 정원에서 흔히 재배되는 낙엽관목이다. 키는 3~4m 정도이고, 잎은 마름모꼴 난형으로 길이는 4~10㎝, 폭은 2.5~5㎝이다. 꽃은 보통 흰색과 보라색으로 피지만 1970년대부터 무궁화의 육종이 본격적으로 이루어지면서 지금은 꽃 색깔도 다양하게 나오고 있다. 원산지는 중국과 인도로 우리나라에 들어온 귀화종이며 지금은 국화(國花)이다.

초롱꽃은 6~8월에 피고 흰색 또는 연한 홍자색 바탕에 짙은 반점이 있으며 긴 꽃줄기 끝에서 밑을 향하여 달린다. 화관은 길이 4~5cm이고 초롱(호롱)같이 생겨 초롱꽃이라고 한다. 꽃받침은 5개로 갈라지고 털이 있으며 갈래조각 사이에 뒤로 젖혀지는 부속체가 있다. 5개의 수술과 1개의 암술이 있으며 씨방은 하위이고 암술머리는 3개로 갈라진다.

금낭화는 깊은 산의 계곡 근처의 부엽질이 풍부한 곳에서 자라는 식물이다. 키는 60~100㎝이며, 잎은 잎자루가 길고 깃 모양으로 3갈래가 갈라지며, 가장자리에는 결각을 한 모양의 톱니가 있다. 꽃은 연한 홍색이며 줄기를 따라 아래에서 위쪽으로 올라가며 심장형으로 달리고, 완전히 개화하기 전에는 좌우에 있는 하얀색이 붙어 있지만 완전히 개화되면 위쪽으로 말려 올라간다. 꽃 가운데 하얀 주머니 모양을 한 것은 암술과 수술이 들어 있는 곳이다.

나팔꽃은 7~8월에 푸른 자주색, 붉은 자주색, 흰색, 붉은 색 등 여러 가지 빛깔로 피고 잎겨드랑이에서 나온 꽃대에 1~3송이씩 달린다. 꽃받침은 깊게 5개로 갈라지고, 갈라진 조각은 가늘고 길며 끝이 뾰족하고 뒷면에 긴 털이 있다.

해바라기는 국화과에 속하는 일년생 식물로, 꽃은 두상화이다. 해바라기속에 속하는 다른 여러해살이풀도 보통 해바라기라 부른다. 해바라기가 속하는 해바라기속 식물은 약 60종 이상이 있다. 꽃이 태양이 있는 방향으로 향하는 성질(굴광성)이 있어 '꽃이 항상 해를 향한다' 는 뜻이 있지만, 해바라기는 어린 시기에만 햇빛을 따라서 동서로 움직이며 꽃이 피고 나면 줄기가 굵어져서 몸을 돌리는 일이 없다.

수철이의 제비꽃

성민이는 집을 나서면서 화분으로 사용한 사발 그릇을 들고 나갔습니다.

꽃잎 한 송이는 아예 시들어버려서 마치 고개를 푹 숙이고 있는 모습 같았습니다.

성민이는 화분을 들고 기운 없는 모습으로 타박타박 학교로 갔습니다.

선생님이 아직 들어오시지 않아서 아이들은 시끄럽게 떠들어대고 장난을 치고 있었습니다.

서로들 책상 위에 제비꽃을 올려놓고 들뜬 목소리로 제각기 말했습니다.

"야, 참 이쁘다."

수철이의 제비꽃은 어떤 아이의 것보다 예쁘고 화려하기까지 했습니다.

아이들은 수철이 주위에 모여 서서 제비꽃의 아름다움에 흠뻑 반해서 여러 가지를 물어보았습니다.

"수철아. 이거 어떻게 키운 거니?"

"응, 우리 엄마가 많이 도와 주셨어. 계란 껍질도 넣고……"

"야, 수철아 네가 선생님이 주시는 선물을 받겠다, 넌 좋겠다."

아이들은 부러운 눈으로 수철이를 바라보았습니다.

수철이는 기분이 좋아서 벙긋 웃었습니다.

수철이는 일학년 때도 선생님한테 상장을 받거나 칭찬을 별로 받아 보지 못했습니다. 오히려 장난꾸러기라고 꾸중을 더 많이 들었습니다. 수철이는 선생님이 아이들 앞에서 자신을 칭찬해주실 상상을 했습니다.

그래서 저절로 웃음이 나오고 자연 시간이 빨리 오기를 기다렸습니다.

성민이가 한 마디도 하지 않고 책상 위에 화분도 보이지 않아 수철이는 이상한 눈으로 성민이를 바라보았습니다.

"성민아, 넌 화분 어디다가 놓았어?"

성민이는 아무런 대꾸도 하지 않았습니다.

성민이는 아이들이 보지 못하도록 신발장 뒤에다가 화분을 놓고 들어왔던 것입니다.

"설마, 화분을 안 가지고 온 것은 아니겠지?"

성민이는 수철이가 자꾸만 묻자 조금 화가 난 목소리로 대답했습니다.

"가져왔어. 자연시간 때 선생님한테 보여 드릴거야."

"지금 보여줘 봐. 너 혹시 오다가 화분 깨뜨린 것 아니야."

"아니야, 아무것도 묻지 마."

성민이는 수철이가 오늘 따라 더 보기 싫었습니다.

성민이는 아빠가 병원에 입원한 것 때문에 무척 우울해 있었던 것입니다.

그런데 수철이는 계속 귀찮게 말을 걸어오고 있었습니다.

"야, 성민아, 그럼 그 화분을 보여 달라니까?"

"제발 좀 조용해!"

성민이는 소리를 버럭 질렀습니다.

성민이도 자기가 그렇게 목소리가 크게 나올 줄은 몰랐습니다.

수철이도 무척 놀란 모양입니다. 늘 얌전하게 의자에 앉아서 별로 말도 하지 않던 성민이가 이렇게 화난 목소리로 소리를 지르는 모습은 처음 보았기 때문입니다.

수철이는 더욱 크게 소리를 질렀습니다.

"왜, 화를 내고 그래!"

그 때 선생님이 들어오셨습니다.

수철이는 귓속말로 성민이에게 조그맣게 속삭였습니다.

"너 수업 끝나고 보자."

성민이는 얼굴이 금세 빨개졌습니다.

'그래, 두고 보자. 오늘은 가만히 있지 않을거야.'

성민이는 언젠가 한 번은 수철이를 혼내 주고 싶었습니다. 수철이보다 덩치가 작거나 힘이 약하지도 않았습니다.

그냥 싸운다는 것이 무섭고 싫었던 것입니다.

3시간 수업이 끝나고 모든 아이들이 기다리고 있었던 자연시간이 되었습니다.

자연시간 종이 울리자마자 아이들은 화분을 책상 위에 올려놓았습니다.

성민이도 신발장 뒤에 갖다 놓았던 화분을 가지고 왔습니다.

성민이가 화분을 책상 위에 올려놓자 수철이가 깔깔대고 웃었습니다.

"애들아, 성민이 화분 좀 봐. 이건 화분이 아니라 아빠가 먹다가 깨뜨린 그릇을 가지고 왔어!"

성민이 엄마가 은박지 종이로 예쁘게 그릇을 싸 주셨지만 그래도 그릇이라는 표시가 났던 것입니다.

아이들은 선생님이 잠깐 복도에 나간 틈을 타서 성민이에게 우르르 몰려왔습니다.

"정말이다. 그런데 꽃도 시들었잖아!"

성민이는 어디엔가 숨고 싶은 심정이었습니다.

"야, 성민아 네가 꽃을 어떻게 했길래… 물을 주지 않았니?"

성민이는 아이들에게 무슨 말을 해야 할지 몰랐습니다. 이윽고 선생님이 교실 안으로 들어오셨습니다.

"자, 조용히 해요."

선생님은 아이들이 가져 온 화분을 교탁 앞에서 쭉 훑어보고 흐뭇하게 웃음을 지으셨습니다.

"그럼 누가 제일 꽃을 정성스럽게 가꾸어 왔는지 볼까?"

선생님은 교단에서 내려오셨습니다. 그리고 줄 분단 사이로 걸어가시며 책상 위에 있는 화분의 꽃을 자세히 바라보셨습니다.

아이들은 잔뜩 긴장해 있었습니다.

'선생님이 무슨 질문을 하실까?'

선생님은 아이들에게 일일이 한 가지씩 물어보셨습니다.

선생님은 똑같은 질문을 여러 번 하시기도 했지만 그래도 아이들의 대답은 새롭고 재미있는 것들이 많았습니다.

선생님은 수철이에게 다가오셨습니다.

그런데 갑자기 선생님의 표정이 굳어지셨습니다.

"수철아, 이 꽃씨를 누가 키웠니?"

수철이는 선생님의 딱딱한 말에 조금 놀라는 표정을 지

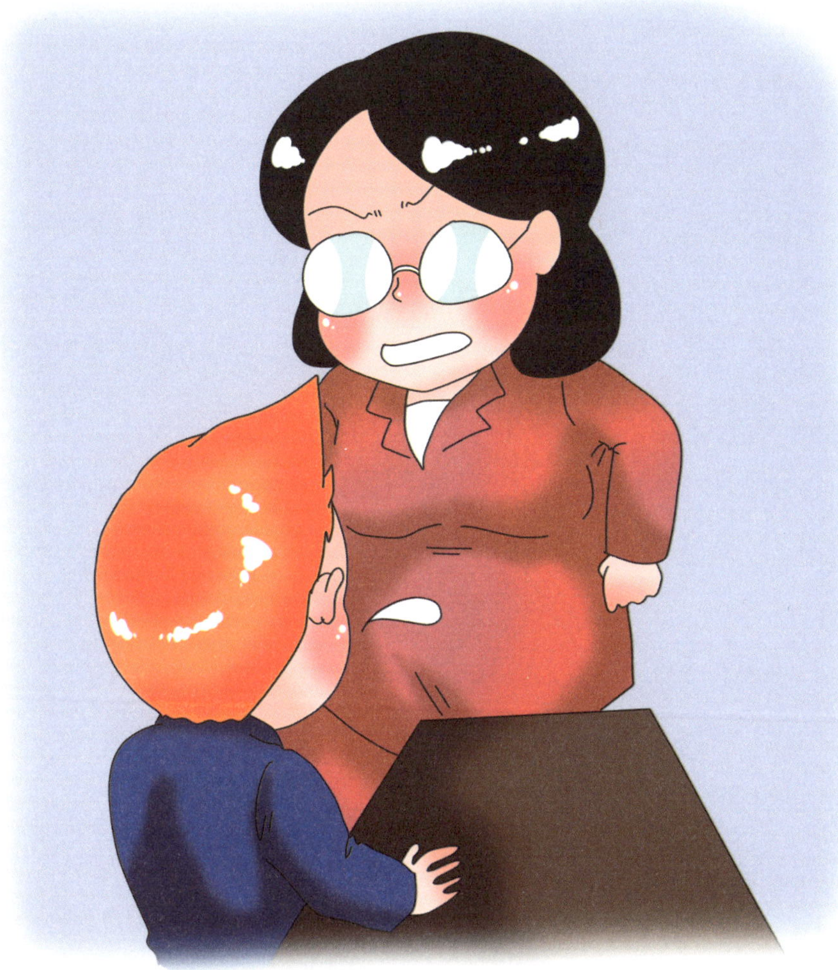

었습니다.

"제가요!"

"그래. 선생님이 준 꽃씨를 키웠니?"

수철이는 목소리가 모기 소리처럼 작아졌습니다.

"네…에…"

선생님은 정말 화가 나신 모양이었습니다.

선생님의 흐린 눈썹이 약간 위로 올라가고 돋보기 안경을 거칠게 손으로 들어 올리는 모습을 보면 알 수 있었습니다.

"정말 계속 거짓말 할거야? 선생님이 누누이 말했지? 거짓말 하는 어린이는 제일 나쁜 어린이라고!"

선생님이 화났을 때는 목소리도 무척 큽니다. 교실안은 갑자기 조용해졌습니다. 아이들은 꼼짝도 하지 못했습니다.

수철이는 겁에 질려서 말도 더듬었습니다.

"저어, 사실은요. 가장 이쁜 제비꽃을 가져올려고 꽃집에서 사왔어요."

선생님은 수철이에게 벌을 내리셨습니다.

"복도에 나가서 손 들고 서 있어요."

수철이는 풀죽은 모습으로 교실 밖으로 나갔습니다. 성민이는 수철이가 불쌍해 보였습니다.

'얼마나 선생님 칭찬을 받고 싶었으면 그랬을까?'

선생님은 다시 교단 위로 올라갔습니다.

"선생님이 너희에게 나누어 준 것은 자줏빛이 나는 꽃이 피는 꽃씨였어요…"

아이들은 그제서야 '어떻게 선생님이 수철이가 꽃가게에서 사온 줄을 알게 되었을까?' 하는 궁금증이 풀렸습니다.

자연 수업이 끝나고 수철이는 교무실에서 선생님에게 꾸중을 듣고 나왔습니다.

화해

그 다음시간은 특별활동 시간으로 축구를 했습니다.

남자 아이들은 반으로 나누어서 시합을 했습니다. 성민이는 운동이 싫었습니다.

그러나 어쩔 수 없이 해야 했습니다. 수철이는 일부러 성민이 옆에 바짝 붙어서 뛰었습니다.

자연시간에 아이들보다 성민이 앞에서 선생님한테 혼난 것이 더 부끄럽고 창피했습니다.

그 동안 성민이에게 꽃자랑을 너무 많이 늘어놓았기 때문입니다.

성민이가 축구를 못한다는 것을 알고 일부러 옆에 바짝 붙어서 겁을 줄려고 했습니다.

성민이는 수철이 때문에 몇 번이나 넘어졌습니다. 수철이가 뒤에서 밀어 붙였기 때문입니다.

축구공이 성민이 앞에 굴러왔습니다. 성민이가 공을 제대로 차지 못하자 수철이는 공을 찼습니다.

그러나 그 바람에 성민이가 수철이의 발에 걸려서 앞으로 넘어지고 말았습니다.

'앙앙'

성민이는 울음을 터트렸습니다. 발목이 너무 아팠기 때문입니다.

아이들은 성민이 주위에 몰려들었습니다.

보고 계시던 선생님도 뛰어 오셨습니다.

"빨리 양호실로 가자!"

선생님은 성민이를 업고 양호실로 데리고 갔습니다.

"발목이 약간 삐었구나!"

양호 선생님은 약을 발라 주시고 집에 가서 움직이지 말라고 하셨습니다.

"수철이가 성민이 짝꿍이니까, 집에까지 데리고 가도록 해라!"

선생님은 성민이의 눈물 자국을 닦아 주시며 수철이에게 말했습니다.

수철이는 절뚝이는 성민이를 부축하고 양호실 밖으로 나갔습니다.

수철이는 성민이에게 무척 미안했습니다. 일부러 발을 걸지는 않았지만 성민이를 골려줄려고 옆에 바짝 붙어서 뛰었던 것입니다.

"미안해, 성민아!"

"괜찮아."

성민이는 절뚝거렸습니다.

수철이는 그 모습을 볼 때마다 바늘에 찔리는 것 같이 마음이 아팠습니다.

수철이가 성민이를 부축하고 가다보니 어느 새 서로 따뜻한 체온이 느껴졌습니다.

길 양쪽에 노오란 개나리가 줄지어 활짝 피어 있었습니다.

"성민아, 많이 아퍼? 내가 아픈 데 '호' 하고 불어줄까?"

성민이는 머리에 혹이 났을 때 천사가 입김을 불어주고 간다는 아빠의 말이 떠올랐습니다.

"수철아, 고마워."

"아니야, 그 동안 너 귀찮게 했던 것 미안해. 너는 항상 선생님한테 칭찬만 받고, 난 꾸중만 들어서 샘이 났던 거야. 너와 친해지고 싶었는데……"

수철이는 머리를 긁적이며 쑥스러운 듯 말끝을 흐렸습니다. 그러다가 문득 성민이에게 아까부터 궁금하게 생각했던 것을 말했습니다.

“성민아, 아까 자연시간에 가져온 꽃이 왜 그렇게 시들어 있었던 거야?”

성민이의 얼굴에는 우울한 빛이 스쳐지나갔습니다.

"응, 그건 말이야. 우리 동네에서는 꽃이 금방 시든대!"

"그게 무슨 말이야? 너희 동네가 어떤 곳이길래?"

수철이는 성민이의 집안이 가난하다는 것은 알고 있었습니다.

그러나 성민이가 어디에서 살고 있는지는 몰랐습니다.

성민이는 반 아이들을 집으로 초대한 적이 없었고 늘 혼자 다녔기 때문입니다.

"우리 집에 가볼래? 집에는 아무도 없어."

성민이는 수철이가 친한 친구처럼 느껴졌습니다. 일년이 넘도록 짝꿍을 했었기 때문에 자신도 모르게 정이 들어 있었던 것입니다.

"그래. 어차피 선생님의 명령이시니까!"

수철이는 익살스러운 웃음을 띠며 힘차게 대답하고 성민이의 손을 꼭 잡았습니다.

성민이와 수철이는 많은 공장이 들어서 있는 곳을 지나 가파른 비탈길에서 주저앉았습니다.

사실 수철이는 속으로 무척 놀랐습니다. 성민이가 이런 곳에 살고 있으리라고는 상상하지 못했기 때문입니다. 어느 새 수철이는 이마와 콧등 위에 땀이 맺혔습니다.

"수철아, 힘들지?"

"아, 아니야."

수철이는 손등으로 땀을 닦아 내고 강하게 도리질을 했습니다.

"저어기, 하늘을 봐!"

성민이는 손가락으로 서쪽 하늘을 가리켰습니다.

하늘가에는 희뿌연 안개 같은 것이 잔뜩 끼어 있었습니

다.

"저게 뭐야, 구름도 아닌 것 같고, 안개도 아닌 것 같은데!"

수철이는 고개를 갸우뚱하며 성민이에게 물어보았습니다.

"우리 엄마가 그러시는데 공장에서 나오는 검은 연기와 차에서 나오는 시커먼 배기가스가 하늘로 올라가서 만들어진 거래. 그것들은 깨끗한 공기를 없애버리고 꽃이나 사람들한테 나쁜 공기를 만든대. 우리 동네 사람들도 저 나쁜 공기 때문에 아프다고 하셔. 공장에서 나오는 더러운 물 때문에 물도 제대로 못마신다고 하고… 그래서 내 제비꽃도 금방 죽어 버린거래. 우리 아빠도 병원에 계시는데 엄마가 말을 안했지만 저 나쁜 공기 때문에 아프신거야. 공장에 있는 먼지가 코로 들어가서 매일 기침을 하신다고 했거든. 가슴이 답답하시다고도 했어."

성민이는 울먹이고 있었습니다.

"울지 마, 성민아!"

수철이는 성민이의 어깨를 토닥이며 달래주었습니다.

성민이는 수철이를 집으로 데리고 가서 점심을 같이 먹었습니다.

일주일 후 토요일 날 수업이 끝나고 수철이는 성민이와 함께 교실에서 함께 나왔습니다.

일주일만 병원에 있으려고 했던 성민이의 아빠는 병원에서 계속 치료를 받을 수 있었습니다. 수철이가 양지 병원의

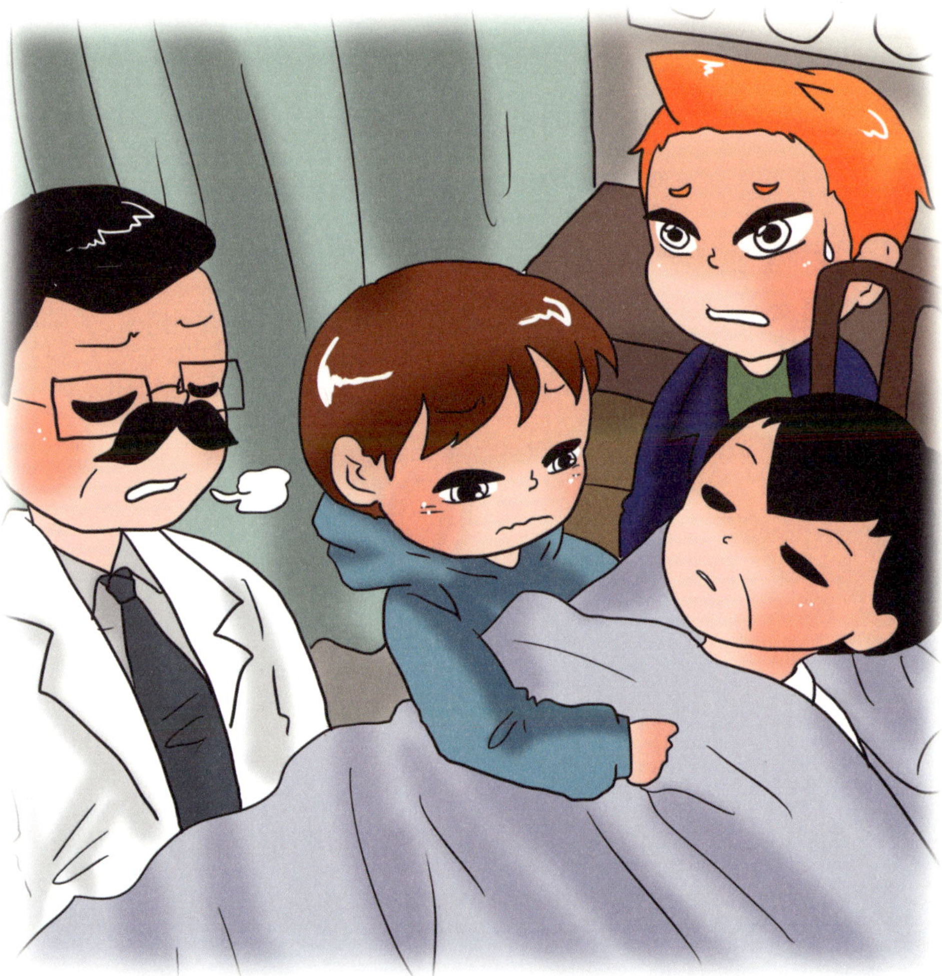

원장이신 아버지에게 어려운 성민이네 가정 형편을 잘 말씀드렸기 때문입니다.

수철이 아버지는 성민이 아버지가 앓고 있는 진폐증이 직업병이라는 것을 알고 "공장 근로자들의 건강을 해치지 않는 깨끗하고 일하기 좋은 환경이 빨리 만들어져야 할 텐데…"하시며 무척 걱정해 주셨습니다. 뿐만 아니라 치료비를 특별히 싸게 해 주셨습니다. 회사에서도 따로 치료비가 나왔습니다.

우선은 성민이 아버지가 영양을 충분히 섭취하고 편히 쉬어야 한다고 수철이 아버지는 말씀했었습니다.

"그 동안 차곡차곡 모아둔 돈으로 조그만 가게라도 하나 차려서 아빠의 건강이 더 이상 나빠지지 않도록 해야겠다."

엄마는 성민이의 손을 꼭 잡고 말했습니다.

성민이는 이런 저런 기억을 떠올리다가 수철이의 손을 힘주어 잡았습니다.

수철이 아버지의 도움으로 아버지가 빨리 회복되는 것 같다고 엄마가 기뻐하셨던 것입니다. 그래서 우울했던 성민이의 기분도 나아지고 있었습니다. 다리 삔 것도 나아서 체육 시간에는 수철이와 같이 뜀뛰기도 하고 철봉에도 매달렸습니다.

이제 성민이는 운동장에서 뛰노는 것이 무척 즐겁고 신이 났습니다. 전에는 체육시간을 제일 싫어했는데 말입니다.

갑자기 수철이가 은근히 말했습니다.

"성민아, 너에게 줄 것이 있어!"

수철이는 성민이의 손을 끌고 학교 뒤에 있는 식물원으로 데리고 갔습니다.

식물원 안에는 여러 가지 나무와 꽃들이 많이 피어 있었습니다.

식물원 안으로 들어가자 수철이는 성민이에게 눈을 감고 손을 내밀라고 했습니다.

"뭔데, 수철아?"

"자, 빨리 눈을 감으라니까! 손바닥 내밀어봐!"

성민이는 빙그레 웃으며 눈을 감고 손을 내밀었습니다. 수철이는 책가방에서 무언가 꺼내는 것 같더니 성민이의 손바닥 위에 살짝 올려놓았습니다.

"눈 떠, 성민아!"

"아아!"

성민이는 짧게 탄성을 질렀습니다.

손바닥 위에는 꽃씨들이 수십 개나 놓여져 있었습니다.

"우리 아빠가 그러셨어. 나무나 꽃을 많이 키우면 나쁜 공기를 조금이라도 맑고 깨끗하게 할 수 있다고! 우리 식물원 앞 뜰에다 이 꽃씨를 키우자! 선생님이 다시 키워보라고 주신 거야!"

성민이는 무척 기뻤습니다.

"성민아, 우리 월요일에 이 꽃씨를 심자!"

"그래!"

성민이와 수철이는 꽃씨를 서로 반씩 나누어 갖고 어깨동무를 하며 학교를 나왔습니다. 집 방향이 서로 다른 갈림길에서 성민이는 수철이를 향해 손을 흔들며 인사를 했습니다.

"안녕, 월요일에 보자!"

"그래, 잘가, 수철아!"

성민이는 인사를 하고 혼자 가파른 비탈길을 올라가기 시작했습니다.

내일은 아빠의 병원에 가기로 한 일요일이었습니다.

성민이는 꽃씨를 꼭 쥔 오른손을 폈습니다.

'병원에 누워계신 아빠에게 이 꽃씨를 조금 드려야지!'

성민이는 아빠가 이 꽃씨를 보면 금방이라도 병이 나을

것만 같은 기분이 들었습니다.

이 꽃들이 피면 나쁜 공기들이 조금은 맑고 깨끗해 질 테니까요.

성민이는 가파른 비탈길을 열심히 올라갔습니다.

하늘에는 어디서 날아왔는지 민들레 꽃씨가 하얀 눈꽃처럼 풀풀풀 떠다니고 있었습니다.

가을에 피는 꽃

코스모스는 멕시코가 원산지인 한해살이풀이다. 한국 고유어로는 살사리꽃이라 부른다. 코스모스의 높이는 약 1.5m에서 2m이다. 줄기는 곧게 서며 털 없이 가지가 많이 갈라진다. 잎은 마주나고 2회 깃꼴겹잎이며 갈라진 조각은 선 또는 바소 모양이다. 꽃의 지름은 약 6cm이며 꽃잎은 6~8개이고 색상은 품종에 따라 흰색, 분홍색, 빨간색으로 다양하다.

국화는 관상용으로 널리 재배하며, 많은 원예 품종이 있다. 높이 1m 정도로 줄기 밑부분이 목질화하며, 잎은 어긋나고 깃꼴로 갈라진다. 꽃은 노란색 흰색 빨간색 보라색 등 품종에 따라 다양하고 크기나 모양도 품종에 따라 다르다.

투구꽃은 짙은 녹색의 턱잎으로 이루어져 있다. 잎모양은 전체적으로 둥근 모양이지만 손바닥 모양으로 5~7개의 부분으로 이루어져 있다. 각각의 부분들은 다시 거칠고 날카로운 3개의 잎으로 이루어져 있다. 9월쯤 피기 시작해 10월이면 전국 어디서나 절정을 맞는다. 꽃 한 송이 길이가 3cm도 더 되는 꽃송이가 이삭 모양으로 모여 주렁주렁 달린다. 이들은 5개 꽃잎 모양의 꽃받침으로 이루어져 원통형 헬멧처럼 보인다.

분꽃의 뿌리는 검은색의 덩이뿌리 모양이며, 줄기는 녹색으로 마디가 있고, 높이는 60-100㎝ 가량으로 여러 갈래로 나뉘어 있다. 여름에서 가을에 걸쳐 나팔꽃 모양의 흰색 적색 황색 꽃이 해질 무렵부터 아침까지 핀다. 수술은 5개가 있고,꽃 향기가 좋다. 씨앗은 둥글며 얇은 흰색 껍질에 싸여 있고, 검게 익는다.

부용은 미국과 중국 원산의 쌍떡잎 식물로 이판화군, 아욱목, 아욱과에 속하는 낙엽 관목이다. 추위에 강한 편이고 바닷가에서도 잘 자란다. 잎은 보통 5~7갈래로 갈라지며, 잎 가장자리에는 둔한 톱니가 있다. 꽃은 가지 윗부분의 잎겨드랑이에 한 송이씩 달리며 연분홍색이나 흰색을 띤다. 꽃은 꽃잎이 모두 다섯 장으로 무궁화꽃과 비슷하지만 약간 커서 지름이 10~13㎝ 정도이다.

땅귀개는 우리나라 각처의 산과 들에서 자라는 다년생 초본이다. 생육환경은 습기가 많고 물이 고여 있는 양지의 풀숲에서 자란다. 키는 7~15cm이고, 잎은 길이 6~8mm로 녹색이고 가늘고 길며 밑부분에 1~2개의 벌레 잡는 포충대가 있다. 꽃은 밝은 황색으로 줄기를 따라 2~7개가 달리며 끝이 뾰족하다. 열매는 10~11월경에 맺으며 둥글고 지름이 3.5mm 정도다.

도전 리틀과학자

꽃씨와 무서운 공해

2016. 2. 25 인쇄
2016. 3. 2 발행

글 대한과학진흥회
그림 정 혜 림
펴낸이 신 주 황
펴낸곳 스완미디어
등록 제2-4534호
주소 서울시 중구 중림동 128-15 구본빌딩
홈페이지 www.dollplaybooks.com
대표전화 02) 393-0026
팩스 02) 312-8349

ISBN 978-89-92565-84-4
ISBN 978-89-92565-70-7 (SET)

값 9,800원

C=O
NH2
CH3-CH2-CH2-CH3
CH3-COOH
NO2
Al(OH)3→Al2O3+3H2O
R1
HN
N
O
CN
R2
CH3C=O
NH2
H
C

C=O
NH2
CH3-CH2-CH2-CH3
CH3-COO
NO2
2Al(OH)3 → Al2O3 + 3H2O
R1
HN
N
O
CN
CN
R2
CH3C=O
NH2
H
C
H
C
H
C
H
C
H

C=O
NH2
CH3-CH2-CH2-CH3
CH3-COOH
NO2
Al(OH)3 → Al2O3 + 3H2O
R1
HN
N
CN
R2
CH3C=O
NH2
H
C

C=O
NH2
CH3-CH2-CH2-CH3
2Al(OH)3→Al2O3+3H2O
CH3-COO
NO2
CH3C=O
NH2